그 사람
모세와
일신론적 종교

## 그 사람 모세와 일신론적 종교

**발행일** 초판 1쇄 2020년 7월 20일 | **지은이** 지크문트 프로이트 | **옮긴이** 변학수

**펴낸곳** (주)그린비출판사 | **펴낸이** 유재건 | **주소** 서울시 마포구 와우산로 180, 4층

**주간** 임유진 | **편집** 방원경, 신효섭, 홍민기 | **마케팅** 유하나

**디자인** 권희원 | **경영관리** 유수진 | **물류유통** 유재영, 이다윗

**전화** 02-702-2717 | **팩스** 02-703-0272 | **이메일** editor@greenbee.co.kr | **신고번호** 제2017-000094호

ISBN 978-89-7682-629-9 03180

이 도서의 국립중앙도서관 출판예정도서목록(CIP)은 서지정보유통지원시스템(http://seoji.nl.go.kr)과 국가자료종합목록
구축시스템(http://kolis-net.nl.go.kr)에서 이용하실 수 있습니다.(CIP제어번호: CIP2020023412)

철학과 예술이 있는 삶 **그린비출판사**

그린비 크리티컬 컬렉션 18

# 그 사람
# 모세와
# 일신론적 종교

지크문트 프로이트 지음   변학수 옮김

그린비

# 차례

**| 일러두기 |**

**1** 이 책은 Sigmund Freud, *Der Mann Moses und die monotheistische Religion*, Knopf, 1939를 완역한 것이다. 번역 대본은 피셔(Fischer)판 프로이트 전집 16권(1975)이다.

**2** 주석은 모두 각주로 표시하였으며, 옮긴이 주는 내용 앞에 '[옮긴이]'라고 표시했다. 본문 중에 옮긴이가 첨가한 내용은 대괄호로 표시하였다.

**3** 단행본·정기간행물의 제목에는 겹낫표(『 』)를, 논문·기사의 제목에는 낫표(「 」)를 사용했다.

**4** 외국어 고유명사는 2002년에 국립국어원에서 펴낸 외래어표기법을 따르는 것을 원칙으로 하되, 관례가 굳어서 쓰이는 것은 관례를 따랐다.

# I.

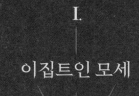

## 이집트인 모세

# I. 이집트인 모세

어떤 민족의 후손들에게 가장 위대한 인물이라고 생각하는 사람을 그 민족이 아니라고 하는 것은 우리가 기꺼이 그리고 간단하게 저지를 일이 못 된다. 더구나 그것을 집필하는 사람이 그 민족에 소속되어 있는 경우라면 더욱 그렇다. 하지만 우리는 어떤 경우에 있어서도 민족의 추정적 이해관계 때문에 진실을 외면할 수는 없다. 어떤 사태를 설명함으로써 우리의 통찰에 이득을 얻는 경우라면 더욱 그렇다.

유대민족에게 그들의 해방자요, 율법의 정초자요, 종교의 창시자인 그 사람 모세는 아주 오래된 시대의 사람이어서, 우리는 그가 역사적 실존인물인가 전설적 인물인가 하는 물음조차 제대로 해결할 수 없다. 만약 그가 역사적 인물이라면 기원전 13세기이거나 경우에 따라 14세기의 인물이 될 것이다. 우리가 그에 대해 알 수 있는 것은 성서나 문자로 전승된 유대인들의 기록 외에는 아무것도 없다. 그 때문에 마지막 결정적인 자료가 없음에도 불구하고 대다수의 역사가들이 모세가 실존했던 인물이고, 그와 관련된 출애굽이 실제로 일어났다고 보고 있다. 이 전제조건을 인정하지 않으면 이후 이스라엘 민족의 역사를 이해할 수 없다고 주장하는 것은 설득력이 있다. 오늘날 학문은 전반적으로 역사비판의 초기보다 더 조심스럽게 수행되고, 전승된 문헌들을 더 세세하게 다루고 있다.

모세라는 인물에 대해 관심을 끄는 첫 번째 것은 히브리어로 모셰 Mosche라고 불리는 이름이다. 우선 우리는 이런 질문을 해보자. 이 이름의 기원은 무엇이며, 그 의미는 무엇인가? 알다시피 「출애굽기」 2장의 기록은 이미 그 의미를 말해 주고 있다. 거기에는 나일강에서 이 아이를 건져 낸 공주가 '내가 그를 물에서 건져 냈다'라는 어원학적 근거를 제시하면서까지 그 이름을 붙였다고 기록되어 있다. 그러나 분명 이런 설명은 충분하지 못하다. 유대어 사전Jüdisches Lexikon[1]에서 한 학자는 이렇게 언급한다. "'물에서 건져 낸 자'라는 이름에 대한 성경적 해석은 속설 어원에 지나지 않는다. 능동적인 뜻을 가진 히브리어('모셰'는 기껏해야 '잡아당기는 자'라는 뜻이다)와 일치하지 않는다." 나아가 우리는 다음의 두 가지 이유로 인해 그 학자의 반론을 지지할 수 있다. 첫째, 이집트 공주가 이름을 하필이면 히브리어에서 가져와서 지었을 리가 만무하다는 것, 둘째, 아이를 건진 강물이 나일 강물이 아닐 가능성이 매우 높다는 것이다.

오히려 오래전부터 여러 학자들 사이에서 모세라는 이름이 이집트 어휘에서 나왔을 것이라는 추론이 제기되었다. 여기서 우리는 일일

---

1) 헤를리츠(Georg Herlitz)와 키르쉬너(Bruno Kirschner)가 저술하였다. Bd. IV, Berlin: Jüdischer Verlag, 1930.

이 이런 주장을 하는 학자들을 제시하는 대신 비교적 근자에 나온『이집트 역사』(1906)라는 책으로 잘 알려진 브레스티드의 책에서[2] 적절한 구절을 찾아 번역해 보기로 하겠다.

> 그의(이 지도자의) 이름 모세가 이집트 이름이었다는 사실은 특이하다. 이집트 이름 모세는 그저 '아이'를 뜻한다. 완전한 이름 형식들, 이를테면 아몬의 아이란 뜻의 아멘-모세나 프타흐-아이란 뜻의 프타흐-모세란 이름들은 긴 이름을 축약한 것이다. 아몬-아이는 아몬(이 선물로 주신) 아이, 또는 프타흐 아이는 프타흐(가 선물로 주신) 아이란 뜻이다. '아이'란 이름은 곧 거추장스럽게 긴 이름의 편한 대체 이름으로 자리 잡게 되었다. 그리고 '모세'란 이름은 이집트의 기념비에 상당히 자주 등장한다. 모세의 아버지는 자신의 아들에게 프타흐나 아몬이 붙은 이름을 지어 주었을 것이다. 신의 이름은 일상에서 차츰 떨어져 나가고 아이는 그냥 '모세'라고만 불리게 되었다. (모세라는 이름 끝에 오는 's'는 구약성서가 그리스어로 번역될 때 생겨난 것이다. 그 이름이 모셰로 불리는 히브리어에서는 이 's'가 붙지 않는다.)

나는 이 부분을 글자 그대로 옮겨 보았다. 그러나 세부 사항들에 대해 내가 모두 그와 같은 생각을 가진 것은 아니다. 나는 브레스티드가 신들의 이름을 나열하면서 이집트 왕들의 이름에 자주 등장하는 아흐-모세, 투트-모세(토트메스), 라-모세(람세스) 같은 유사 신적인 이

---

2) James Henry Breasted, *The Dawn of Conscience*(『양심의 시초』), London, 1934, S. 350.

름들을 언급하지 않고 넘어간 것이 조금 이상하다고 생각한다.

모세라는 이름이 이집트 이름이라는 것을 인식한 많은 학자들 중의 한 사람도 이 이름을 가진 사람이 이집트인일 것이라는 결론을 내거나 적어도 그럴 가능성이 있다고 보리라 생각해 볼 수 있다. 이제 어떤 사람이 이름을 한 개가 아니라 성과 이름 두 개를 가짐에도 불구하고, 그리고 그 이름을 바꾸거나 새로운 조건에 맞추어 조정하는 것을 배제할 수 없음에도 불구하고, 오늘날까지 사람들은 의심의 여지 없이 그런 결론들을 내린다. 독일의 작가 샤미소[Adelbert von Chamisso]가 프랑스 태생이고, 나폴레옹 보나파르트[Napoléon Bonaparte]가 이탈리아계이고, 우리가 그 이름을 보고 벤저민 디즈레일리[Benjamin Disraeli]가 실제 이탈리아계 유대인이라는 것을 확인하는 것이 놀라운 일이 아니다. 고대나 선사시대였다면 이름을 보고 어느 민족 출신인지 결론을 내리는 것이 훨씬 더 정확했고 결정적이었다고까지 말할 수 있다. 그럼에도 불구하고 모세의 경우 내가 아는 한 어떤 역사가도, 심지어 브레스티드 같은 역사가의 경우처럼 모세가 "이집트 사람의 모든 학문을"[3] 배웠다는 것을 받아들일 준비가 되어 있는 사람들조차도 이런 결론을 내린 경우가 없다.

무슨 장애가 있었는지 알 길이 없다. 아마도 성경 기록에 대한 존중 때문에 일어난 일 같다. 그것이 아니라면, 그 사람 모세가 히브리 사람이 아닌 다른 민족이라는 생각 자체가 너무 끔찍했을지도 모른다.

---

3) 같은 책, 334쪽. 모세가 이집트인이었다는 가설이 고대부터 현재까지 자주 언급되었다. 그러나 이 이름에 대한 언급은 없었다. [옮긴이] 인용된 부분은 신약성서 「사도행전」 7장 22절을 보라.

어쨌든 이집트 이름이라는 것을 인정하는 것이 모세의 출신에 대한 판단에 결정적이라고 보지 않은 점, 이에 따라 다른 논의가 이어지지 않았다는 점은 분명하다. 우리가 이 위대한 사람의 민족에 대한 의문을 중요하게 여긴다면 그에 대한 대답을 할 새로운 자료를 제시하는 것이 바람직하다.

나의 이 작은 논문이 시도하고 있는 것도 바로 이런 일이다. 잡지 『이마고』*Imago*에 이 글이 게재될 수 있는 권한도 이 일이 정신분석의 적용을 그 목적으로 하기 때문이다. 이렇게 하여 얻는 논거는 정신분석적 사고를 할 줄 아는 그 소수의 사람들, 그 학문의 성과를 아는 사람들에게만 인상을 남길 것이다. 이 논문이 그들에게 의미 있는 것이 되길 바란다.

1909년 그 당시까지만 해도 나의 영향력하에 있었던 오토 랑크<sup>Otto</sup> <sub>Rank</sub>는 나의 제안을 받아들여 『영웅 탄생의 신화』*Der Mythus von der Geburt des Helden*라는 책을 한 권 썼다.[4] 이 책은 다음과 같은 내용을 다루고 있다. "내로라하는 거의 모든 문화민족들은 […] 태곳적부터 자기네들의 영웅이나 전설적인 왕들이나 제후들, 종교 지도자, 왕조, 제국이나 도시의 개조開祖, 한마디로 자기들의 민족적 영웅을 시문학이나 전설을 통해 찬양해 왔다. 특히나 이들은 이런 인물의 탄생이나 성장기 설화를 환상적인 모습으로 그려 내었다. 그런데 이런 설화들은 놀랄 만한 유

---

4) Fünftes Buch der *Schriften zur angewandten Seelenkunde*(『응용정신학 연구』, 제5권), Fr. Deuticke, Wien. 이 작업에 있어서 오토 랑크의 독자적 기여의 가치를 과소평가할 의도가 없음을 밝힌다. [옮긴이] 오토 랑크의 책은 『영웅의 탄생』(이유진 옮김, 루비박스, 2016)으로 번역·출간되었다.

사성을 보이는데, 심지어 전혀 다른, 멀리 떨어져 있고, 완전히 독립적인 민족들이 서로 아무 관계도 없는데도 단어상의 일치까지 보인다는 점을 이미 많은 연구자들이 찾아내었다는 것이다." 오토 랑크의 방법, 가령 골턴[5] 방식에 따라 모든 이야기들의 근본적인 특성들을 드러내는 평균 전설을 구성해 보면 다음과 같은 그림을 그려 볼 수 있다.

영웅은 고귀한 부모의 아이이며, 이 경우 대부분 왕자이다. 아이가 태어나기 전에 부모는 금욕이라든가 오랜 기간의 불임이나 외부적 금제나 장애로 인한 은밀한 교접 같은 어려움을 겪는다. 그 영웅을 임신해 있는 동안, 또는 임신하기 오래 전에 그 아이를 낳지 말라는 예언(꿈이나 신탁)을 듣는데 대부분 그렇게 하면 아버지가 위험에 처할 것이라는 내용이다. 그 결과 태어나는 아이는 그 아이의 아버지나 그 아버지를 대리하는 사람의 명에 따라 죽거나 유기될 운명에 처한다. 원칙적으로 이 아이는 어떤 상자에 담겨 물에 떠내려 보내진다. 그 후 아이는 동물이나 신분이 천한 사람들(목동들)에 의해 구조되고 동물의 암컷 젖을 먹고 크거나 아니면 천한 신분의 여자 젖을 먹고 자란다. 성장한 후에 이 아이는 천신만고 끝에 고귀한 부모를 다시 찾아, 한편으로는 아버지에게 복수하고 다른 한편으로는 사람들의 인정을 받는다. 그리고 결국에는 위대함과 명성을 얻게 된다.

---

5) [옮긴이] 영국의 통계학자이자 유전학자 Francis Galton(1822~1911)을 가리킨다. 그는 당시에 사진합성법으로 프로이트에게 알려져 있었다.

이 탄생 신화와 결부된 역사적 인물들 중에 가장 오래된 인물이 바로 바빌로니아의 시조(기원전 2800년경)인 아카드의 사르곤(사르곤 대왕)이다. 여기에서 사르곤 대왕이 직접 언급한 자신의 이야기를 살펴보는 것이 흥미로운 일일 것이다.

전능한 왕 아카드의 왕이 바로 나다. 내 어머니는 베스타의 여사제였고 나의 아버지는 누군지 모른다. 내 아버지의 형은 산 속에 살았다. 내가 살았던 유프라테스 강 어귀에 있는 아주피라니라는 도시에서 베스타의 여사제인 어머니가 나를 낳았다. 어머니는 은밀한 곳에서 나를 낳았다. 어머니는 나를 갈대 상자에 넣고 역청으로 뚜껑을 막고는 강물에 나를 흘려보냈다. 그러나 강물은 나를 삼키지 않았다. 강은 나를 물의 창조자 아키에게 데려다 주었다. 물의 창조자 아키는 따뜻한 마음으로 나를 거기에서 건져 주었다. 물의 창조자 아키는 나를 자신의 아들로 삼고 길러 주었다. 물의 창조자 아키는 나를 자신의 정원사로 삼았다. 내가 정원사로 일할 때 이스타 신이 나를 사랑하여 나는 왕이 되었고 45년 동안 왕 노릇을 하였다.

아카드의 왕 사르곤과 함께 시작되는 일련의 이름들 중에서 우리에게 가장 친숙한 이름을 꼽아 보면 모세, 키루스Cyrus, 그리고 로물루스Romulus이다. 나아가 오토 랑크는 그런 이름 외에도 시문학이나 전설에 등장하는 수많은 영웅들을 열거하는데, 이 영웅들에게는 위에서 말한 것과 같은 이야기가 그대로 반복되거나 혹은 그 중의 일부분이 반복된다. 그런 영웅들이 곧 오이디푸스Ödipus, 카르나Karna, 파리스Paris, 텔

레포스Telephos, 페르세우스Perseus, 헤라클레스Herakles, 길가메시Gilgamesch, 암피온Amphion, 제토스Zethos 등이다.

이 신화의 기원과 경향은 오토 랑크의 연구를 통해 알려지게 되었다. 나는 여기서 그 내용에 대해 간단하게 설명하고자 한다. 그러니까 영웅이란 자신의 아버지에 대해 대항하는 사람이자 결국은 승리를 하여 아버지를 이겨 낸 사람이다. 우리의 신화는 아버지의 의지에 반하여 아이가 태어나게 하고, 그 아이를 죽이려는 나쁜 의도를 이겨 내고 구조되게 하면서 이 투쟁을 개인의 선사시대까지 추적해 간다. 상자에 버려진다는 것은 태생의 분명한 상징적 묘사이고, 상자는 모태이며 물은 양수를 뜻한다. 부모와 아이의 관계는 무수한 꿈속에서, 물에서 끌어당기거나 물에서 구조하는 것으로 나타난다. 탁월한 인물에 대한 민족적 환상을 여기에서 다룬 탄생설화와 연결시킨다면, 그 환상은 이 과정을 통하여 그 인물을 영웅으로 인정하고, 이로써 그 인물이 영웅이 가지는 삶의 스키마schema를 충족했다는 것을 공표하는 일이다. 그러나 전체 서사적 허구의 원천은 소위 말하는 아이의 '가족 로망스'일 뿐이다. 그 가족 로망스에서 아들은 부모, 특히 아버지에 대한 감정적 관계의 변화에 따라 반응한다. 유년기는 아버지를 엄청나게 과대평가하는 시기이다. 그 과대평가에 따라 꿈이나 동화에 등장하는 왕이나 왕비는 바로 부모를 의미한다. 그러다가 아이는 나중에 경쟁의식과 현실적인 실망들로 인해 부모로부터 벗어나고 아버지에 대해 비판적 태도를 취하게 된다. 이에 따라 보면 신화에 나타나는 두 종류의 가정, 즉 귀족의 가정과 하층민의 가정은, 아이가 성장하면서 차례로 겪게 되는 아이 자신의 가정을 두 가지로 반영한 것이다.

이런 설명으로 영웅 탄생에 대한 신화의 유포와 동질성이 완전히 이해가 되었을 것이라고 본다. 뿐만 아니라 모세의 출생과 기아棄兒에 대한 전설이 갖고 있는 특수한 위치, 그리고 그 신화가 근본적인 면에서 다른 신화들과 배치된다는 점이 우리의 관심을 끈다.

아이의 운명을 다루는 전설 속의 두 가정家庭들에서 출발해 보자. 우리는 이 두 가정이 정신분석적 해석에 따라 이해해 보면 서로 겹친다는 것을 알고 있다. 다만 시간적으로만 서로 구분된다. 전설의 전형적인 형식에서 아이를 태어나게 한 첫 번째 가정은 귀족 가정, 대개의 경우 왕가이다. 아이를 양육하는 두 번째 가정은 평민이거나 몰락한 가정이다. 우리는 이들이 전설 해석을 낳은 관계들과 일치함을 알 수 있다. 오로지 오이디푸스의 전설에서만 이 구분이 삭제되고 없다. 거기에서는 한 왕가에서 유기된 아이를 다른 왕 부부가 받아들인다. 바로 이런 사례를 통해 이 두 가정의 원초적 동질성이 전설에서도 그 모습을 드러내는 것은 우연이 아니라고 생각한다. 두 가정이 이루는 사회적 지위의 대비는 (우리가 알다시피 위대한 인물의 영웅적 성격을 강조하기 위해 만들어진) 신화에, 특히 역사적 인물에 의미를 부여하는 이차적인 기능을 부여하기도 한다.

신화는 영웅에게 족보를 만들어 주는 것은 물론, 그 사회적 신분을 높이는 데도 이용되기 때문이다. 가령 미디안인들에게 키루스는 이방에서 온 정복자이지만 기아棄兒 전설을 만들면서 미디안 왕의 손자로 변한다. 로물루스 대제의 경우도 마찬가지다. 만일에 로물루스 같은 인물이 실존했다면 그는 세상을 두루 경험한 모험가, 출세자였을 것이다. 그러나 전설로 인해 그는 알바 롱가 왕가의 후예이자 그 계승자가 되었다.

　모세의 경우는 이와 완전히 다르다. 여기서 첫 번째 가정은 보통은 귀족이건만, 평범하기 이를 데 없는 가정이다. 그 가정은 레위 지파 유대인이다. 그러나 영웅이 성장하는 두 번째 가정은 보통 천한 가정이기 마련인데 그의 경우 이집트 왕가이다. 공주가 그를 아들로 기른 것이다. 전형으로부터 일탈한 이 경우는 많은 사람들로 하여금 고개를 갸우뚱하게 만든다. 에두아르트 마이어<sup>Eduard Meyer</sup>와 그 후의 많은 학자들은 이 전설이 원래는 달랐을 것이라고 추정한다. 말하자면 이렇다. 파라오는 한 예언의 꿈[6]을 통해, 딸이 아들을 낳게 되면 그가 파라오와 이 왕국을 위험하게 만들 것이라는 경고를 받는다. 그 때문에 파라오는 공주가 낳은 아이가 태어나자 나일강에 유기한다. 그러나 이 아이는 유대인에 의해 건져져 그 집의 아들로 자란다. 이 전설은 랑크가 표현한 "민족적인 동기"[7]에 따라 우리가 알고 있는 형식으로 가공되었을 것이다.

　그러나 조금만 더 생각을 해보면, 다른 전설들과 차이 나지 않는 그런 모세 전설의 원형은 존재하지 않았다는 것을 알 수 있다. 왜냐하면 이 전설은 이집트 기원이든지 유대 기원이든지 둘 중의 하나이기 때문이다. 앞의 경우, 즉 이집트 기원일 수는 없다. 왜냐하면 이집트 사람들이 모세를 영웅으로 만들 이유가 없고, 모세는 그들의 지도자가 아니기 때문이다. 그렇다면 이 전설은 유대인들 사이에서 만들어졌다

---

6) 또한 플라비우스 요세푸스(Flavius Josephus)의 보고에도 같은 내용이 언급된다.
7) 오토 랑크, 『영웅 탄생의 신화』, 80쪽, 각주.

고밖에 할 수 없다. 그러니까 유대인들이 잘 알고 있는 형식으로 자기 지도자의 인격에 이 전설을 갖다 붙인 것이다. 하지만 그렇게 하기에는 이 전설이 너무 어울리지 않는다. 자기들의 위대한 지도자를 낯선 이방민족으로 만들어 버리는 전설이 그들에게 도대체 어떤 도움이 된단 말인가?

오늘날 우리에게 알려진 모세 전설의 형식은 그 전설이 은밀하게 비밀스런 의도를 숨긴 채 전승되어 있다. 만약 모세가 왕가의 혈통이 아니라면 전설은 그를 영웅으로 자리매김할 수 없다. 만일에 모세가 처음부터 유대인 아기였다면 전설은 모세의 신분 상승을 높이는 데 기여한 것이 없게 된다. 전체 신화에서 단지 한 부분만 제대로 되어 있다. 그것은 그 아기가 강력한 외부적 위험에도 불구하고 목숨을 유지했다는 사실이다. 그런데 이런 특징은 예수의 유아기 이야기에 그대로 반복되는데, 거기서는 헤롯왕이 파라오의 역할을 떠맡는다. 그러면 우리는 이제 정말로 자유롭게 생각해 볼 수 있다. 이 전설의 소재를 나중에 개작한 세련되지 못한 작자가 자신의 영웅 모세에게, 그를 영웅으로 만드는 데 필요한 고전적인, 기아 전설 비슷한 것을 갖다 붙이려고 했을 것이다. 그러나 그것은 모세가 처해 있던 특수한 상황 때문에 모세에게는 어울리지 않는 것이 되고 말았다.

이 연구가 불충분하고 나아가 불확실한 결론으로 끝나는 데 만족하지 않으면 안 될지도 모른다. 그리고 모세가 과연 이집트인이었는가 하는 질문에 대한 대답을 하는 데 아무런 기여를 하지 못할 수도 있다. 하지만 기아 전설의 업적을 드높이는 데는 다른, 아마도 더 희망적인 방법이 있을 것이다.

신화가 보여 주는 두 가정家庭이라는 주제로 되돌아가 보자. 정신분석적 해석의 차원에서 우리는 이 두 가정이 사실은 동일한 가정이라는 것을 알 수 있다. 신화적 차원에서만 이 두 가정이 고귀한 가정과 비천한 가정으로 구분된다. 그러나 이것이 신화와 결부된 역사적 실존 인물을 다룰 경우, 현실의 차원이라는 제3의 차원이 존재한다. 한 가정은 그 인물, 즉 이 위대한 사람이 태어나고 자란 실제적 가정이다. 다른 가정은 허구로서 그 인물의 의도를 추적하는 과정에서 신화에 의해 꾸며진 것이다. 대체로 비천한 가정이 실제의 가정이고, 고귀한 가정은 허구로 만들어진 경우가 일반적이다. 그런데 모세의 경우 무엇인가가 보통과는 다른 것처럼 보인다. 아마도 이제 새로운 관점이 문제를 해명해 줄지도 모른다. 아기를 유기한 첫 번째 가정이 검토해 본 어떤 경우든 허구이고, 아기를 구해서 양육한 두 번째 가정이 실제의 가정이라는 점이다. 우리가 모세 전설에도 적용되는 이 명제를 보편성으로 인정하는 용기를 가진다면 한 가지 사실이 분명해진다는 것을 알 수 있다. 그것은 모세가——아마도 귀족 출신의——이집트인인데 이 전설로 인하여 그가 유대인이 되었다는 점이다. 그리고 이것이 우리가 생각하는 결론일지 모른다! 물에다 아기를 유기하는 것은 이 이야기에서 적절하다. 그러나 새로운 경향에 맞추기 위해 기아의 의도가 무리일 정도로 왜곡되어 버린 것이다. 이런 희생의 결과, 기아가 구조의 수단으로 바뀌어 버린 것이다.

이러한 유의 모든 전설들과 모세 전설이 다른 것은 모세 서사가 지닌 특별함으로도 증명이 가능하다. 일반적인 경우 영웅이 자신의 삶의 과정에서 비천한 유년을 극복하지만 그 사람 모세의 영웅적 삶은 고귀한 위치에서 추락했다가 마침내 이스라엘 백성의 수준까지 전락하고 마는 것으로 시작한다.

우리는 모세가 이집트인이었다는 추론에 대한 제2의, 새로운 논거를 얻을 수 있으리라는 기대하에 이 작은 논문을 시작했다. 그러나 그의 이름에서 출발한 첫 번째 논거는 많은 사람들에게 결정적 인상을 남기는 데는 실패했다는 이야기를 들었다.[8] 우리는 기아 전설의 분석에서 나온 새로운 논거 또한 더 좋은 결과를 갖고 오지 못하리라는 것을 염두에 두고 있어야 한다. 사람들은 여러 가지 이의들을 제기할 것이다. 말하자면 우리가 내린 것과 같은 결론을 정당화하기에는 이 전설이 만들어지면서 왜곡된 상황들이 너무 불투명하다는 것, 그리고 모세라고 하는 영웅적인 인물에 대한 전승들이 혼란과 모순으로 가득 차 있는 데다, 수 세기에 걸쳐 의도적인 개작이 거듭되었기에, 그 전설 뒤에 있는 역사적 진실의 핵심을 밝히려는 모든 노력을 좌절시킬 것이라는 점을 들어서 말이다. 나는 이런 부정적인 입장에 동조하지는 않지만 그렇다고 해서 이것을 반박할 입장도 못 된다.

확실한 주장을 못할 바에야 도대체 왜 내가 이 연구를 대중들에게 알리는 일을 계속하겠는가? 유감스럽지만 나의 이 정당화도 추론의 수준을 넘어설 수는 없다. 그러나 내가 여기에서 논증한 두 논거에 집

---

8) 예를 들어 에두아르트 마이어는 『모세 전설과 레위 지파』(*Die Mosesagen und die Leviten*, Berliner Sitzber, 1905)에서 이렇게 주장한다. "모세라는 이름은 이집트 이름일 가능성이 있고 실로의 사제 가문인 핀카스는 […] 의심할 여지 없는 이집트 가문이다. 그렇다고 해서 이로써 이 가문이 원래 이집트에 그 뿌리를 둔 가문인 것으로 증명된 것은 아니지만 이집트와 모종의 관련이 있는 것만은 분명하다."(651쪽) 문제는 그 관계가 어떤 것이었느냐 하는 것이다.

중하고, 모세가 이집트의 귀족이었다는 가정을 진지하게 수용한다면 아주 흥미진진하고 폭넓은 전망을 할 수 있다. 추론이긴 하나 그렇다고 너무 근거 없지도 않은 가설에 힘입어 우리는 일찍이 들어 보지 못한 모세의 행적을 가능케 한 동기와, 이 동기와 밀접한 관련성 속에서 모세가 유대인에게 제시한 율법과 그 종교의 수많은 특성과 특수성에 대한 가능한 근거들을 파악할 수 있고, 이로써 보편적인 유일신교 탄생에 관한 의미 있는 견해에 어떤 단서를 얻을지도 모른다고 믿는다. 그러나 이런 중요한 종류의 해명들은 단지 심리적 개연성에만 근거하는 것이 아니다. 모세의 이집트 문화 습속을 역사적 근거가 있는 것으로 본다면, 우리는 여기서 생겨나는 여러 가지 가능성들이 환상의 소산이라든가 실제와는 동떨어진 것이라는 비판에 대항하기 위해 적어도 두 번째 확고한 논점이 필요하다. 모세가 언제 적 사람인가, 그와 더불어 출애굽이 어느 시대에 일어난 사건인가를 객관적으로 입증할 증거만 있다면 우리의 논거는 충족될 것이다. 그러나 그런 객관적 증거는 아직까지 없다. 따라서 모세가 이집트인이었다는 통찰에서 파생하는 모든 추론은 언급하지 않는 것이 좋겠다.

# II.

## 모세가 이집트인이었다면

# II. 모세가 이집트인이었다면

이 잡지 『이마고』의 지난번 논문에서[1] 나는 유대민족의 해방자이자 율법 제정자인 그 사람 모세가 유대인이 아니라 이집트인이었다는 추론을 새로운 논거로 입증하려고 한 적이 있다. 그의 이름이 이집트 어휘에서 나왔다는 것은 비록 그에 상응한 평가를 받은 것은 아니지만 오래전에 밝혀진 일이다. 나는 모세와 관련된 기아 신화의 해석을 통하여, 모세가 이집트인이었지만 한 민족의 욕구에 따라 유대인으로 둔갑했다는 결론을 내리지 않을 수 없었다. 그 논문의 끝에 나는, 모세가 이집트인이었다는 가정으로부터 중요하고도 폭넓은 결론을 도출할 수 있다고 말했다. 그러나 나는 이것이 심리적 개연성에 근거한 것일 뿐 객관적인 증거가 부족하기 때문에 이런 결론을 공적으로 지지하는 것은 아니라고 썼다. 그렇게 해서 얻은 통찰이 중요하면 중요할수록, 우리는 흙으로 된 기단 위의 청동상처럼 확실한 근거도 없이 외부세계

---

1) 『이마고』(Imago) 23호, 1927, 1권, 「이집트인 모세」. [옮긴이] 이 책에 있는 앞의 글을 말한다.

의 비판적 공격에 내몰려서는 안 된다는 경고를 더 절실하게 느낀다. 아무리 매혹적인 개연성이 있다 해도 그것이 오류를 막아 주지는 못한다. 어떤 문제의 각 부분들이 퍼즐 맞추기처럼 아귀가 맞는다고 하더라도, 개연성이 있는 것이 진실한 것이 아니며 진리라고 해서 모두 개연성이 있는 것은 아니라는 점을 주목해야 한다. 끝으로 나는 자신들의 주장이 현실과 얼마나 동떨어져 있는지에 무관심한 채 자신들의 기지에 취해 있는 스콜라 철학자들이나 탈무드 학자로 분류되는 것에 매력을 느끼지 못한다.

그제나 이제나 중요한 이런 생각과는 상관없이 내 마음에 갈등을 겪으며 앞에서 발표한 논문에 이어 이 속편을 집필할 결심을 한 것이다. 하지만 이 또한 내 이야기 전체의 전부도 아니고 가장 중요한 일부도 아니다.


## 1.

그러니까 모세가 이집트인이었다면…, 이 가정에서 나온 첫 소득은 새로운, 대답하기 어려운 하나의 수수께끼 같은 질문이다. 한 민족 혹은 한 부족이[2] 위대한 일을 벌일 경우, 동포들 중의 한 사람이 지도자로 나서든가, 아니면 이 사람이 선거를 통하여 이런 역할을 하도록 선택되는 것이 대부분이다. 하지만 무엇이 귀족 신분의 한 이집트인을——아마도 왕자였거나, 성직자였거나, 고관을——외국에서 이주해

---

2) 우리는 출애굽에 동참한 사람의 수가 얼마인지 알 수 없다.

온, 문화적으로 후진적인 이방인 무리의 지도자 자리에 서게 하고, 그들과 함께 그 나라를 떠나게 하도록 움직였는지를 생각해 내기란 쉬운 일이 아니다. 이방 민족에 대한 이집트인들의 경멸만 봐도 특별히 그런 일체의 과정이 일어났을 것 같지 않다. 바로 그 때문에 이름이 이집트어라는 것도 알고, 그가 이집트의 모든 학문을 배웠다는 것을 인정한 역사가들조차도 모세가 이집트인이었다는 분명한 가능성을 받아들이지 않으려 한다고 나는 생각한다.

이 첫 번째 어려운 문제에 이어 곧바로 다음 문제가 제기된다. 우리는 모세가 이집트에 정착한 유대인들의 정치적 지도자였을 뿐만 아니라 율법의 제정자, 교육자인가 하면 그들로 하여금 오늘날까지도 그의 이름에 따라 모세교라고 불리는 새로운 종교를 강요한 사람이었다는 사실을 잊어서는 안 된다. 그러나 한 개인이 그렇게 쉽게 새로운 종교를 창조할 수 있을까? 그리고 누군가 타인의 종교에 영향을 미치려면 먼저 그가 타인을 자기의 종교로 개종시키는 것이 가장 자연스럽지 않을까? 이집트의 유대민족들에게 분명 어떤 형식의 종교가 없었던 것은 아니었을 것이다. 이들에게 새로운 종교를 마련해 준 모세가 이집트인이었다면 다른 종교, 즉 새로운 종교는 이집트 종교였다는 추측을 배제할 수 없다.

이 가능성을 가로막는 장애 요소가 하나 있다. 그것은 모세로부터 시작된 유대인 종교와 이집트인 종교 사이에 첨예한 대립이 있었다는 사실이다. 유대인 종교는 아주 엄격한 유일신교다. 다시 말해 신은 하나이고, 그 신만이 유일하고, 전능하며, 근접할 수 없다. 사람들은 그의 모습이 두려워 얼굴을 가리고, 그의 형상을 만들어서도 안 되고, 그의 이름을 직접 불러서도 안 된다. 그러나 이집트 종교에는 그 위엄과 계보에 따라 헤아릴 수 없는 무수한 신들이 있다. 하늘, 땅, 해, 달 같은 위대한 자연의 힘을 의인화한 신들도 있고, 마아트*Maat*(진리, 정의) 같은 추상적 신이 있으며, 난쟁이 모습의 베스*Bes*같이 역겨운 모습을 한 신도 있다. 그러나 대부분의 신들은 그 나라가 무수한 지역으로 분리될 때까지의 시기에는 동물 모습을 하고 있는데, 이들은 고대의 토템 동물로부터의 발달을 극복하지 못한 것 같고, 서로 잘 구분되지 않고 비슷비슷하며, 개별적 특수 기능도 부여받지 못하고 있다. 이런 신들의 영광을 찬양하는 찬가도 거의 고만고만하여, 우리가 때로는 어쩔 도리 없이 한 신을 다른 신과 혼동할 만큼 의심의 여지 없이 같은 신이라고 볼 정도이다. 신들의 이름은 서로 합성된 것도 있어서 어떤 이름은 거의 다른 신들의 수식어 정도의 수준이 되는 경우가 있기도 하다. 가령 '신왕조'가 절정을 구가하던 시절 테베 시가 섬기던 중심 신은 아문-레였는데, 이 이름의 앞자리를 차지하는 신 아문은 숫양 머리를 한 이 도시의 신을 의미하고, 레는 매 머리를 한 태양신 온의 이름이다. 마법이나 의례의 행위, 주술과 액막이가 이집트인들의 일상적 삶에서 이들 신들에 대한 예배를 지배하고 있었다.

이 같은 차이점들의 많은 부분들은 엄격한 유일신교와 제한이 없는 다신교의 원칙적인 대립을 통해서도 간단하게 찾아낼 수 있을 것이다. 다른 차이점들은 분명 정신적인 수준에서의 차이점이 빚어낸 결과이기도 하다. 한 종교가 원시적인 단계에 아주 가까운 반면, 다른 종교는 숭고한 추상화의 최고조에 도달해 있기 때문이다. 모세교와 이집트 종교 사이의 대립이 고의적인 대립, 의도적으로 첨예화된 대립이었다는 인상을 받는다면 그것은 바로 이런 두 가지 동기들 때문이다. 예를 들면 한 종교가 모든 종류의 마법과 주술을 준엄하게 저주한 데 비해, 다른 종교 안에서는 이런 것들이 오히려 풍부하게 촉진되었다. 혹은 오늘날 우리 박물관들이 고마워해야 할, 이집트인들의 만족할 줄 모르는 의욕은 흙과 돌과 금속으로 된 그들의 신상을 빚는 데 대해 실제적이거나 상상 속의 존재를 형상으로 빚어서는 안 된다는 엄격한 금지를 대립시켰다. 나아가 우리가 시도한 해명과는 다른 두 종교 사이의 다른 대립은 또 있다. 고대의 어떤 다른 민족도 죽음을 부정하기 위해 그렇게 애를 쓰고, 피안에서 영생을 얻도록 지극한 정성을 기울인 적이 없다. 이런 그들의 노력에 따라 피안의 지배자이자 죽음의 신인 오시리스는 이집트 신들 중에서 가장 많은 사람들이 찾고 인정받는 신이 된 것이다. 그에 반해 고대의 유대 종교는 불멸 개념을 전적으로 폐기했다. 사후 존재의 지속 가능성에 대한 언급은 결코 어디에도 등장하지 않는다. 이것은 내세의 삶에 대한 믿음이 유일신교와 아주 잘 맞아떨어진다는 나중의 경험들이 보여 주는 것과 대비해 보면 아주 기이한 일이다.

우리는 모세가 이집트인이었다는 가설이 다양한 방향에서 소득이 있고 매우 새로운 것이 되리라는 것을 낙관하였다. 그러나 우리가 그 가설에서 도출해 낸 첫 번째 결론, 즉 모세가 유대인에게 제정한 종교는 모세 자신의 종교, 즉 이집트 종교였다는 결론은 두 종교의 차이, 다시 말해 두 종교의 대립에 대한 우리들의 통찰에서 좌절되고 말았다.

**2.**

이집트 종교사에 있어서 가장 주목할 만한 사건, 최근에 와서야 일반에게 인식되고 평가받기에 이른 사건은 우리에게 새로운 전망을 제시한다. 모세가 유대민족에게 만들어 준 종교, 즉 모세 자신의 종교는 이집트 종교는 아니었다 하더라도 이집트 종교 중의 하나였을 가능성이 있다.

　이집트가 처음으로 세계적인 강대국이 된, 저 태평성대를 이룬 18왕조 시절인 기원전 1375년, 한 젊은 파라오가 왕위에 올랐다. 처음에는 이 파라오도 전임자인 아버지처럼 **아멘호테프** 4세라고 불렸지만 곧 그는 이름을 바꾸었다. 이름만 바꾼 것이 아니었다. 이 왕은 이집트인들에게 강제로 새로운 종교를 믿게 했다. 이 종교는 수천 년간 지속되어 온 전통과, 즉 그들에게 익숙한 삶의 관습과 정면 배치되는 종교였다. 이 종교는 내가 아는 한, 세계 역사상 최초의 엄격한 유일신교였다. 이 유일신교에 대한 믿음과 함께 태동한 것이 종교적 비관용인데 이것은 일찍이 고대세계에서뿐 아니라 그 후 오랜 기간 동안 생소한 종교였다. 그러나 **아멘호테프**의 치세는 17년밖에 지속될 수 없었다. 기원전 1358년 그가 죽고 난 후 이 새로운 종교는 전멸을 당하고 사람들은 이 이단적 왕에 대한 추모를 박탈하고 말았다. 그 왕에 대하여 우리가 알고 있는 지식은 모두, 그가 지어 자기 신에게 봉헌한 새 왕성의 폐허와 그 왕성에 있는 석묘의 명문을 통해서 알게 된 것들이다. 우리가 이 특이하고 독특한 왕의 인격에 대해 알고 있는 모든 것은 매우 큰 관심을 불러일으키기에 합당하다.[3]

새로운 것은 모두 그 이전의 것 안에서 준비와 전제조건을 배태하고 있다. 이집트 유일신교의 기원들을 몇몇 확실한 근거와 더불어 훨씬 더 이전까지 거슬러 올라가 살펴보아야 한다.[4] 온(헬리오폴리스)에 있는 태양 사원의 성직자 학교에서는 오래전부터 보편적인 신의 모습을 확립하고 그 존재의 윤리적 모습을 강조하려는 노력이 있었다. 진리, 질서, 정의의 여신인 **마아트**는 태양신 레의 딸이었다. 개혁가의 아버지이자 선구자인 **아멘호테프** 3세 치하에서 태양신 숭배가 새로운 도약을 이루었고, 너무 세력이 막강해진 **테베의 신 아문**에 대해 대립할 수 있었던 것 같다. 아주 오래된 태양신 **아톤** 혹은 **아툼**의 이름을 새로 되살렸고, 젊은 왕은 이 **아톤**교 운동에 매진했다. 그러나 그때 그가 이 종교를 새로 각성시킬 필요는 없었고 그저 앞에서 해놓은 일을 그대로 따르기만 하면 되었다.

이 시대에 이집트의 정치적 상황은 이집트의 종교에 의미 있는 영향을 미치기 시작했다. 위대한 정복자 투트모세 3세의 무공으로 인하여 이집트는 세계적 강대국이 되었고 남쪽으로는 누비아, 북쪽으로는 팔레스타인과 시리아, 메소포타미아 일부를 제국에 편입하게 되었다. 이런 제국주의는 종교에 보편주의와 유일신주의를 반영하였다. 파라오의 관심이 이제 이집트를 넘어 누비아와 시리아까지 미치자 신 또한 국가적 제한을 넘어서지 않으면 안 되었다. 당시 파라오가 이집트인들

---

3) 브레스티드는 이 왕을 "인류 역사에 있어서 최초의 개인"이라고 불렀다.
4) 아래의 기술은 브레스티드의 『이집트 역사』(History of Egypt, 1906)와 『양심의 시초』(The Dawn of Conscience, 1934), 그리고 『케임브리지 고대사』(The Cambridge Ancient History)의 해당 부분에 그 토대를 두고 있다.

에게 알려진 세계의 유일하고 절대적인 통치자가 된 것처럼, 이집트의 새로운 신도 이런 유일하고 절대적인 신이어야 했다. 거기다가 제국의 국경 확장에 따라 문호가 개방된 것은 당연한 일이었다. 왕비들[5] 중 많은 이들이 아시아 나라들의 공주였고, 그에 따라 추론해 보면 유일신교에 대한 직접적인 계기는 시리아로부터 유입되었을 것이다.

아멘호테프는 자신이 태양신 온에 대한 숭배와 관련되어 있음을 결코 부정하지 않았다. 석묘에 새겨진 명문들을 통해 우리에게 알려져 있고, 아멘호테프 스스로 지은 시로 보이는, 태양신 아톤에게 바치는 두 편의 찬가에서 그는 이집트의 안과 밖에 살아 있는 모든 것의 창조자, 지배자로서의 태양을 열정적으로 찬미하고 있다. 이 열정은 수 세기가 지난 뒤, 유대의 신 야훼의 영광을 찬양하는 시편을 통해서 다시 반복되고 있다. 그러나 그는 햇빛의 영향에 대한 과학적 인식을 놀라울 만큼 선취해 가는 것으로 만족하지 않는다. 그는 한 걸음 더 나아가 태양을 물질적 대상으로 숭배할 뿐 아니라, 광선으로 계시되는 에너지를 만드는 신적인 존재의 상징으로서 숭배한 것이 분명하다.[6]

그러나 우리가 만약 이 왕을 그 왕 앞 시대부터 지속되어 왔던 아

---

5) 아마 아멘호테프가 사랑한 왕비 노프레테테(네페르티티)도 그럴 수 있다.

6) "이 새로운 국교가 태양을 숭배하는 헬리오폴리스에 그 기원이 있다 하더라도, 그것이 단순히 태양만 숭배하는 것이 아니었다. 태양을 뜻하는 아톤은 '신'(누터)이라는 뜻의 고어의 자리를 대신하였고 신은 물질적 태양과는 엄격하게 구분되었다."(브레스티드, 『이집트 역사』, 360쪽) "이집트 왕이 신격화하고 싶어 했던 것은 태양 스스로 지상에서 감지되게 하는 힘이었다."(브레스티드, 『양심의 시초』, 279쪽) 에르만(A. Erman)의 저작에서도 신을 기리는 찬가에 대한 비슷한 견해를 찾아볼 수 있다. "이 찬가는 가급적이면 추상적으로 표현하고자 하는 말들이었다. 사람들이 숭배하는 것은 천체로서의 태양이 아니라, 그 속에서 계시되는 본질이었다."(『이집트의 종교』*Die Ägyptische Religion*, 1905)

톤교의 숭배자이자 후원자에 지나지 않는다고 생각한다면 이것은 그를 제대로 평가했다고 볼 수 없다. 왕이 한 일은 이보다 더 근본적인 것이었다. 그는 새로운 어떤 것을 도입하여, 이것을 통해 보편적인 신에 대한 사상이 처음으로 유일신교가 되었는데, 이는 바로 배타성의 도입이었다. 그가 쓴 찬가 중 하나는 직접적으로 이렇게 노래한다. "오 유일한 신이시여, 당신 이외의 다른 신은 존재하지 않습니다."[7] 우리가 잊지 말아야 할 것은 이 새로운 신관의 위대한 점을 알기 위해 드러난 내용을 아는 것만으로는 충분치 않다는 점이다. 그 드러나지 않은 측면, 즉 그 신관이 비판하는 측면도 마찬가지로 중요하다. 이 새로운 종교가, 완전무장한 차림으로 제우스의 머리에서 튀어나온 아테나 여신처럼 순식간에 이 세상에 태어났다고 생각하면 그것은 오산이다. 오히려 이 종교는 아멘호테프 치세 기간 조금씩 힘을 기르면서 그 명쾌함, 논리성, 냉정함, 무관용을 더욱 강화하여 왔던 것으로 보인다. 이런 발전은 아문 사제들 내에서 일었던 왕의 개혁에 대한 격렬한 반대의 상황하에서 이루어진 것이었다. 아멘호테프 치세 6년째에 이러한 적대감은 극에 달하였고, 이렇게 되자 왕은 금기시된 신의 이름 일부분인, 아몬이 들어 있는 자기 이름을 바꾸었다. 이때부터 그는 아멘호테프라는 이름 대신 아케나톤[8]이라는 이름을 사용했다. 그는 자기 이름에서

---

7) 브레스티드, 『이집트 역사』, 374쪽.

8) 이 이름을 쓸 때 나는 영어표기법을 따른다(아케나톤으로 쓰기도 한다). 왕의 이 새 이름은 원래 이름과 유사한 뜻을 가지고 있다: 신은 만족한다. 독일어에서 Gotthold(신은 숭고하다)와 Gottfried(신은 평화롭다)의 의미 차이 정도이다. [옮긴이] 프로이트는 '이크나톤'(Ikhnaton)으로 표기하였다. 그러나 이 번역에서는 일반적으로 불리는 아케나톤으로 통일한다.

만 싫어하던 신의 이름을 뺀 것이 아니라 모든 곳에서, 심지어 자기 아버지의 이름 아멘호테프 3세의 이름에서도 그 일부분을 삭제하였던 것이다. 이름을 바꾸고 난 후 곧장 아케나톤은 아문 신에 의해 지배되는 테베를 떠나 나일강 하류에 새로운 왕궁을 건설하고 그 이름을 아케나톤(아톤의 지평선)이라 불렀다. 이 왕궁의 폐허는 오늘날에도 텔-엘-아마르나[9]라고 불린다.

왕의 박해는 아문에게 가장 잔혹했다. 그러나 그 신만 박해를 받은 것은 아니었다. 온 왕국의 신전은 모조리 폐쇄되고 제사는 금지되었으며 신전의 재산은 환수되었다. 정말이지 왕은 대단한 열의를 보이면서 옛 기념비를 샅샅이 조사하게 해서 그 기념비에 '신'이라는 단어가 복수로 씌어져 있으면 이것을 제거하는 조처를 취하는 데까지 이르렀다.[10] 아케나톤이 취한 이러한 일련의 조처들은 억압받던 사제들과 불만을 갖고 있던 백성들이 광란의 복수를 하고자 하는 분위기를 조장하였다. 결국 그 분위기는 왕의 사후 폭발하게 되었다. 아톤교는 대중적인 인기를 얻지 못했다. 아마도 이 종교는 왕의 측근 소수인들에 제한되어 있었던 것으로 보인다. 아케나톤의 최후에 대한 기록은 없다. 우리가 알 수 있는 것은 단명하고 불운했던 그 가족의 후손들로부터 짐작할 수 있을 뿐이다. 그의 사위 투탕카멘(투탕카톤)은 그때 이미 테베로 옮겨 갈 수밖에 없었고, 신의 이름 아톤은 아문으로 바꾸지 않을 수 없었다. 그 후 기원전 1350년 하렘하브(호렘헤브) 장군이 질서를 회복

---

9) 1887년 여기에서 역사 연구에 아주 중요한, 아시아의 친구들, 신하들과 나눈 이집트 왕들의 서한이 발견되었다.
10) 브레스티드, 『이집트 역사』, 363쪽을 보라.

할 때까지 무정부 상태가 이어졌다. 찬란했던 18왕조는 사라지고, 동시에 누비아와 아시아의 정복지도 상실하고 말았다. 이 우울한 공백 시기에 이집트의 고대 종교들이 다시 살아나게 되었다. 아톤교가 폐기되고 아케나톤의 왕성은 파괴되고 약탈당했으며, 그에 대한 추모는 범죄자의 것과 같은 것으로 무시되었다.

이제 우리는 우리의 특정한 목적을 이루기 위해 도움이 될 아톤교의 드러나지 않은 특징 중에서 몇 가지 점들을 강조하고자 한다. 첫째는 아톤교에서는 모든 신화적, 주술적, 마법적인 것은 모조리 배제되었다는 점이다.[11]

다음은 태양신의 표현 방법인데 그 전처럼 조그만 피라미드나 매의 형태로 표현되는 것이 아니라 거의 무미건조하다 할 정도로 하나의 원반과 거기에서 발산되는 광선들이 인간의 손으로 끝나는 것으로 마무리되어 있다. 아마르나 시대에는 예술애호의 시대였음에도 불구하고 다른 형태의 태양신(말하자면 의인화된 아톤상)은 발견된 적이 없다. 우리는 앞으로도 이는 발견되지 않을 것이라고 확신한다.[12]

마지막으로 이 시대는 죽음의 신인 오시리스와 죽음의 세계에 대해 완전히 침묵한 시대이기도 하다. 찬가를 보나 묘비명을 보나 어디

---

11) 웨이걸(Arthur Weigall)의 『아케나톤의 생애와 그의 시대』(The Life and Times of Ikhnaton, 1923, 121쪽)에 따르면 아케나톤은 민중들이 수많은 주술로 그 공포를 물리쳐려고 했던 지옥에 대해 아무 말도 하지 않았다고 한다. "아케나톤은 이런 주문들을 불태워 버렸다. 지니, 유령, 정령, 괴물, 반신, 그리고 오시리스와 그 무리들을 끌어모아 불에 던져 넣어 재로 변하게 했다."
12) "아케나톤은 아톤 신에 관한 어떤 신상도 만들지 못하게 했다. 왕은 진정한 신에게는 형상이 없다고 말했고, 그는 평생 이런 생각을 시종일관했다."(같은 책, 103쪽)

서도 이집트인들이 가장 깊은 관심을 보여 온 이 영역을 찾지 못한다. 민중종교에 대한 적대감이 이보다 적나라하게 보인 적은 없다.[13]


## 3.

우리는 이제 과감하게 결론을 내어 보고자 한다. 만약 모세가 이집트인이었다면 그리고 그가 유대인들에게 자신의 종교를 전달했다면 그것은 바로 아케나톤의 종교, 즉 아톤교였을 것이다.

우리는 이미 앞에서 유대의 종교를 이집트의 종교와 비교하고 그 두 종교 사이의 대립적 성격을 확인한 바 있다. 이제 우리는 유대의 종교와 아톤교를 비교해 보겠다. 혹시 두 종교가 원천적으로 동일한 종교가 아니었나 하는 기대감에서다. 이것이 쉬운 일은 아니라는 것을 안다. 아문 성직자들의 복수심이 얼마나 강했던 것인지 아톤교의 흔적을 찾기는 쉽지 않다. 우리가 아는 것이라곤 출애굽이 있고 난 800년 후 유대 사제들에 의해 기록된 최종본인 모세교뿐이다. 자료가 이렇게 미흡함에도 불구하고 우리는 우리의 가설에 유용한 개별적인 징후를 포착한다면 그것을 높이 평가해야 할 것이다.

모세교가 다름 아닌 아톤교라는 우리의 주장을 증명하는 지름길은 신앙고백, 즉 선서가 될런지도 모른다. 나는 이 길이 다닐 수 없는 길이라고 사람들이 말할 까 두렵다. 유대교의 신앙고백은 알다시피 이

---

13) "오시리스나 그의 왕국에 대한 언급은 전혀 없었다."(에르만, 『이집트의 종교』, 70쪽) "오시리스는 철저히 배제되었다. 이 신은 아케나톤의 기록 어디에도 찾아볼 수 없으며, 아마르나 시기의 어떤 비문에도 언급되지 않았다."(브레스티드, 『양심의 시초』, 291쪽)

렇다. Schema Jisroel Adonai Elohenu Adonai Echod(이스라엘아 들으라, 우리 하느님 여호와는 오직 유일한 여호와이시니).[14] 만약 이집트의 **아톤** 신(또는 **아툼** 신)이 우연히도 히브리 말 **아도나이**와 시리아의 신 **아도니스**와 비슷하게 들릴 뿐만 아니라 두 이름이 태곳적 언어적·의미적 공동체에 속한다면 이 유대인들의 고백은 다음과 같이 번역될 수 있다. "이스라엘아 들으라, 우리의 신 아톤(아도나이)은 유일한 신이다." 다만 나는 이 문제에 대한 답을 내릴 수 없는 사람이고, 문헌에서도 그 점에 대한 정보를 찾아볼 수 없다.[15] 그러나 우리가 이 문제를 쉽게 넘어갈 수도 없다. 어찌되었든 우리는 신의 이름과 관련된 이 문제들을 다시 다룰 것이다.

이 두 종교의 유사성과 이질성은 우리가 크게 애쓰지 않아도 쉽게 찾아볼 수 있다. 이 두 종교 모두 엄격한 유일신교의 형식을 갖추고 있는데 우리는 처음부터 이들이 갖고 있는 동질성의 기본적 성격에 환원해서 살펴볼 필요가 있다. 유대의 유일신교는 여러 가지 점에서 이집트의 유일신교보다 훨씬 더 엄격하다. 가령 조형적 표현 자체를 금지하는 것이 그렇다. 가장 본질적인 차이는——신의 이름은 제외하고——유대교는 이집트의 종교가 의존하고 있는 태양에 대한 숭배를 전적으로 배제하고 있다는 점이다. 이집트의 민중종교와 비교해 보면

---

14) [옮긴이] 「신명기」, 6장 4절.
15) 웨이걸(『아케나톤의 생애와 그의 시대』)은 몇 군데에서(12쪽과 19쪽) 다음과 같이 말한다. "레를 지는 태양으로 나타낸 신 아툼은 북시리아에서 보편적으로 숭배되었던 아톤과 같은 기원을 갖고 있는지도 모른다. 그래서 이국의 여왕이나 그녀의 궁녀들은 테베보다는 헬리오폴리스에 더 마음이 끌렸는지도 모른다."

우리는 원칙적인 대립을 제외하고는 두 종교의 이질성에서 보이는 의도적인 모순의 동기가 어떤 역할을 하고 있다는 인상을 받는다. 이런 인상은 이제 이 비교에서 우리가 잘 알고 있는 아케나톤이 이집트의 민중종교에 의도적인 적개심을 표하면서 만든 아톤교를 유대교 자리에 갖다 두면 정당한 것으로 보인다. 유대교가 내세 즉 사후의 세계에 대해 아무런 언급도 하지 않는다는 사실에 우리가 놀라는 것은 당연하다. 왜냐하면 그런 교리가 엄격한 유일신교에는 당연히 있어야 하기 때문이다. 이러한 놀라움 역시 유대교에서 아톤교로 돌아가 그런 사후 세계의 거부가 아톤교에서 전승한 것이라는 사실을 알면 말끔히 사라진다. 아케나톤이 사후세계를 거부한 것은 죽음의 신 오시리스가 아마도 상계의 어떤 신보다 더 중요한 역할을 한 것으로 보는 이집트의 민중종교와 싸우기 위해 어쩔 수 없는 일이었기 때문이다. 유대교와 아톤교가 이처럼 중대한 점에서 일치하고 있는 것은 우리 주장을 위한 최초의 강력한 논거가 된다. 우리는 이 논거가 이것만이 아니라는 것을 곧 밝힐 것이다.

모세는 유대인들에게 새로운 종교만을 창시하여 준 것이 아니다. 그가 유대인에게 할례의 풍습을 전한 것도 그와 같은 정도로 확실하다. 이 사실도 우리의 문제에 결정적으로 중요하지만 지금까지 이렇다 할 가치를 인정받지 못했다. 성경은 여러 군데서 이 사실을 모순되게 기록하고 있다. 어떤 곳에서는 할례속이 하느님과 아브라함 사이의 약속의 징표로서 족장시대까지 거슬러 올라간다고 기술하고 있는데, 다른 곳에서는 아주 애매하게 기술하는 곳도 있다. 가령 하느님은 모세가 거룩한 풍습을 좇지 않는다고 진노하고 드디어 그를 죽이려고까지 했으며, 그러자 결국 미디안 사람인 그의 아내가 재빨리 할례를 행함으로써 하느님의 진노로부터 그를 구했다고 기술되어 있다.[16] 이 기술들은 서로 배치되지만 혼란스러워할 필요는 없다. 우리가 곧 그 계기를 설명할 것이기 때문이다. 이제 유대인들에게 할례속이 어디서 전해졌는가 하는 문제가 제시되는데 그에 대한 대답은 이집트에서이다. '역사의 아버지' 헤로도토스는 이집트에는 아득한 옛날부터 이 할례속이 뿌리내리고 있었다고 기록하고 있는데, 그 기록은 미라의 부장품과 묘지의 벽화를 통해서 확인되었다. 우리가 아는 한, 동부 지중해 연안의 어떤 민족도 할례속을 행한 민족은 없다. 셈족, 바빌로니아족, 수메르족은 분명히 할례속을 따른 적이 없다. 가나안의 사람들에 대해서는 성경이 직접 기술하고 있다. 거기에 보면 할례속이 세겜 왕자가 야곱의 딸 디나를 강간하고 그녀와 결혼하는 조건이 할례라는 것을 보면 알 수 있다.[17] 이집트에 거주하던 유대인들이 할례속을 모세가 종교를 세울 때 받아들였을 수 있다는 가설은 근거가 없는 것으로 고려할 가

---

16) [옮긴이] 「창세기」, 17장 9절 이하, 「출애굽기」, 4장 24절 이하를 참조하라.

17) 우리가 성경의 내용을 다룰 때 자기 마음대로, 독단적으로 다룬다면, 말하자면 내 논거에 적절할 때는 논증에 이용하고, 논거에 모순될 때는 냉정하게 거부한다면, 이로써 심각한 방법론적 비판에 우리 자신을 노출시키게 되며 우리 논거의 설득력을 약화시키게 된다는 것을 잘 안다. 그러나 편향적인 목적에 따른 왜곡의 영향으로 그 가치가 심각하게 손상된 것으로 믿어지는 자료를 다루려면 이 방법밖에 없다. 뒤에 이러한 왜곡의 숨겨진 동기를 추적할 때, 여기에 합당한 구실이 발견될 수 있었으면 한다. 어떤 경우든 확실한 결론은 불가능하다. 더구나 어떤 학자든 이 주제를 다룰 때는 같은 방법을 취할 수밖에 없으리라는 것이 나의 생각이다.
[옮긴이] 야곱의 딸 디나가 하몰 왕의 아들 추장 세겜에게 강간을 당하자 야곱의 아들들은 복수를 하기로 결의한다. 세겜 왕 하몰이 야곱에게 와서 디나와 세겜을 부부로 맺어 주자고 하자 야곱은 조건을 내건다. 그 땅의 모든 남자들이 할례를 하면 그렇게 하겠다는 조건이다. 그러나 그 땅의 남자들이 그 말을 따라 모두 할례를 하고 누워 있자 그날 밤 야곱의 아들들은 그 남자들을 몰살한다. 「창세기」, 34장을 참조하라.

치가 없다. 그렇다면 우리는 이 할례속이 이집트에서 일반적으로 행해지던 습속이었다는 것이 확실하다고 보고, 잠시 동안 모세는 유대인으로서 그의 동족을 이집트의 노예생활에서 해방시켜 다른 나라에서 자주적이고 자의식이 있는 민족으로 살 수 있게 인도하였다는——정말로 그런 일이 일어난 대로——통설을 한 번 받아들이기로 해보자. 그렇다면 모세가 같은 시기에 유대인을 고통스러운 습속으로 몰아붙여, 어떤 의미에서는 이집트에 대한 기억을 되살려 이집트 사람이 되게 하는 일을 했다는 것이 어떤 의미가 있을까? 실제로 모세가 애쓴 것은 오히려 그 반대가 아니었던가? 그의 백성들이 종노릇하던 나라 이집트를 멀리하고, 자기 백성들로 하여금 이집트의 "고기 가마"[18]에 대한 그리움을 극복하게 하려고 하지 않았던가? 그렇다. 우리가 출발점으로 삼았던 가설과, 모세가 유대인이라는 가설은 양립 불가능하다. 따라서 우리는 대담하게 이런 결론을 내리지 않을 수 없다. 즉, 만약 모세가 유대인에게 새로운 종교뿐만 아니라 할례에 대한 계명까지 주었다면 그는 유대인이 아니라 이집트인이었다. 그리고 그가 이집트인일 경우 모세교는 이집트 종교일 가능성이 매우 크며, 그 이집트 종교가 민중종교와 대비되는 것으로 보아 바로 훗날 유대교와 몇 군데 중요한 측면에서 일치를 보이는 아톤교였을 것이다.

---

18) [옮긴이] 모세를 따라 출애굽한 이스라엘 백성들은 광야 생활이 힘들자 모세와 아론에게 다음과 같이 불평한다. "이스라엘 자손 온 회중이 그 광야에서 모세와 아론을 원망하여 이스라엘 자손이 그들에게 이르되 우리가 애굽 땅에서 고기 가마 곁에 앉아 있던 때와 떡을 배불리 먹던 때에 여호와의 손에 죽었더라면 좋았을 것을 너희가 이 광야로 우리를 인도해 내어 이 온 회중이 주려 죽게 하는도다."(「출애굽기」, 16장 2~3절)

모세가 유대인이 아니라 이집트인이라는 우리의 가정이 하나의 수수께끼라는 사실을 살펴보았다. 유대인이라고 보면 쉽게 이해될 만한 행동 양식이 이집트인이라고 보면 이해할 수 없는 일이 벌어진다. 그러나 우리가 모세를 아케나톤의 시대에 옮겨 놓고 그를 이 파라오와의 관계에서 살펴보면 이 수수께끼는 사라지고 우리의 모든 질문에 답할 수 있는 동기가 밝혀질 가능성이 열린다. 모세가 고귀하고 신분이 높은 사람이었다는, 그에 대한 전설이 말해 줄지도 모를, 정말로 왕가의 일원이었다는 전제에서 출발해 보자. 그는 자신의 위대한 능력을 의식하고 있었을 것이고 야심과 능력을 갖춘 사람이었을 것임이 분명하다. 어느 날엔가 백성을 이끌어 내어 왕국의 통치자가 되려는 목표가 그 자신의 마음에 어른거렸을지도 모른다. 그는 파라오와 지근한 자리에 있으면서 새로운 종교의 기본적인 사상을 자기의 것으로 전유專有한 진정한 숭배자였을 것이다. 왕이 죽고 반격이 시작되자 그는 자신의 희망과 기획이 파괴되었다는 것을 직시하게 되었다. 만약 그가 자신에게 매우 중요한 신념들을 버릴 수 없었다면 이집트는 이제 더 이상 자신에게 해줄 것이 없었다. 말하자면 그는 조국을 잃어버린 것이다. 이 위급한 상황에서 그는 비범한 해법을 찾아낸다. 꿈꾸는 자 아케나톤은 그의 백성들의 마음을 잃고 그의 제국은 분열되고 만다. 모세의 정열적인 성격은 새로운 왕국을 건설하고 새로운 백성을 찾고, 그 백성에게 이집트인들이 파기한 종교를 숭배하게 하는 계획에 딱 들어맞는 것이었다. 우리도 그렇게 보듯이 그것은 영웅적 행위였는데, 우선 운명과 싸우는 것, 그리고 아케나톤의 재앙이 그에게 가져온 손실을 보상해 주는 두 가지 방향이었다. 어쩌면 그는 그 당시에 이집트의 변방(고센)의 통치자였는지도 모른다. 그곳에는 이미(힉소스 시대부터인지도 모른다) 셈족의 몇몇 부족들이 정착해 있었다. 모세는 이들을 새 백성으로 선택하였다. 이것은 세계사적 사건이었다![19) 그는 이 변방의 백성과 합의하고 그들의 지도자가 되어 "손의 권능"[20)으로 그들을 인도하였다. 우리는 이 출애굽이 성경의 기록과는 달리 평화롭게, 추격자가 없는 상황에서 이루어졌을 것으로 짐작한다. 모세의 권위가 이것을 가능하게 했을 것이고 이것을 저지할 중앙권력도 그 당시에는 없었다.

우리들의 구성에 기초하여 판단해 보면 출애굽은 기원전 1358년에서 1250년 사이에 일어났을 것이다.[21) 그러니까 이 시기는 아케나톤의 사후, 하렘하브가 국위를 회복하기 전의 시기이다. 이동의 목적지는 오로지 가나안 땅일 수밖에 없었다. 이 지역은 이집트의 지배가 붕괴되고 난 후 매우 호전적인 큰 무리의 아라메아인들이 침범하고 정복하고 약탈함으로써 힘 있는 민족이면 누구나 이 땅을 차지할 수 있었다는 것을 보여 준다. 우리가 이 전사들을 알게 된 것은 1887년 아마르

---

19) 모세가 고위 관료였다고 가정하면 그가 유대인에게 지도자 역할을 했다는 우리의 이해에 도움이 된다. 그가 성직자였다고 가정하면 종교 창시자로 등장했을 가능성이 높다. 이 두 경우 모두 지금까지 자신이 갖고 온 직업을 유지하고 있었을 것으로 보인다. 왕가의 왕자였다면 이 양자, 즉 변경의 지배자와 성직자를 겸하고 있었을 것이다. 아이를 유기한 전설은 믿으면서도 성경의 내용 외의 다른 전승도 알고 있는 것으로 보이는 유대 역사가 플라비우스 요세푸스(『유대 고대사』*Antiquitates Judaicae*의 저자)의 기록에 따르면 모세는 이집트의 장군으로서 에티오피아에서 무수한 승리를 이끈 사람이다.

20) [옮긴이] 「출애굽기」, 13장 3절.

21) 이 시기는 대부분의 역사가들이 추측하는 것보다 1세기쯤 앞이다. 역사가들은 출애굽이 19 왕조 메르네프타 치세 중에 일어났을 것으로 본다. 왜냐하면 공식적인 역사 기록이 공위시대를 하렘하브의 통치 시기로 산입하는 것으로 보이기 때문이다.

나 유적지에서 발굴된 서한들을 통해서였다. 이 문서에 의하면 이 전 사들은 하비루<sup>Habiru</sup>라 불리었고, 이 이름이 어떻게 그렇게 되었는지 그 과정은 모르지만 나중에 뒷날 유대인 침략자들에게도 히브리란 이름 으로 전해졌다. 그러니 이에 대해서는 아마르나 서한에서도 무슨 뜻인 지 언급되지 않는다. 팔레스타인의 남쪽, 즉 가나안에서도 이제 이집 트에서 탈출한 유대인들과 친연親緣관계에 있는 종족들이 살고 있었다.

탈출의 온전한 과정을 우리가 추적한 동기는 할례속의 도입과도 일치한다. 우리는 어떤 방식으로 그 사람들이, 즉 민족이든 개인이든 간에 도대체 이해할 수 없는 이 태곳적 관습에 대해 어떤 행동을 취하 게 되었는지 알고 있다. 할례속을 행하지 않는 자들은 이것을 매우 기 이하게 보았고 또한 그것에 대한 공포도 있었다. 반대로 할례속을 도 입한 사람들은 그것을 매우 긍지로 여겼다. 이들은 할례를 행함으로써 귀족이 된 것처럼 감정이 고양되고 그것을 행하지 않는 다른 사람들을 업신여기고 그들의 접근을 부정하게 여겼다. 심지어 오늘날에도 터키 인들은 기독교인을 "할례 받지 않은 개"라고 모욕한다. 스스로 이집트 인으로서 할례를 받았던 모세가 이런 태도를 취했을 것으로 여겨진다. 모세가 이끌어 내어 조국을 떠났던 유대인들은 모세가 자기 땅에 두고 온 이집트 사람들보다 더 나은 대체자들이었다. 어떤 면에서도 이 유 대인들이 이집트인들보다 못할 것이 없었다. 성경에서 분명히 기록한 대로 모세는 그들을 "거룩한 백성"<sup>22)</sup>으로 만들어 주고자 했으며, 그런

---

22) [옮긴이] 「출애굽기」, 19장 6절. 「신명기」, 7장 6절에는 "거룩한 백성"이라는 뜻의 한자어 "성 민"(聖民)으로 기록되어 있다.

축복의 표시로 그들에게 이집트 사람들과 최소한 같은 격을 가질 수 있을 만한 습속을 시행해야 했다. 그리고 만약 유대인들이 그런 징표를 통해 구분되고 이민족들과 섞이는 것을 막는다면 더없이 좋은 일이 될 것이었다.[23)]

그러나 나중에 유대의 전승은 우리가 앞에서 전개해 온 바로 그 결론 때문에 마치 부정적 상황에 내몰린 듯한 모습을 보이고 있다. 할례속이 모세가 도입한 이집트 습속이라는 것을 인정한다면 모세가 만들어 준 그들의 종교도 이집트 종교라는 것을 인정해야 하는 입장에 처하게 되는 것이다. 그러나 그들에게는 모세교가 이집트 종교라는 것을 부정하지 않으면 안 될 충분한 이유가 있었다. 따라서 그들은 할례에 대한 사실들을 부인하지 않을 수 없게 된 것이다.

---

23) 기원전 450년경에 이집트를 방문했던 헤로도토스는 그의 여행기에서 이집트인들의 특징에 대해 기술하고 있는데, 이것은 후기 유대인들이 보여 주는 특징과 놀라울 정도로 유사하다. 그는 이렇게 기술한다. "이집트인들은 많은 면에서 다른 민족에 비해 더 경건하다. 이들의 습속도 다른 민족들의 습속과는 구별된다. 가령 이집트인들이 처음으로, 무엇보다 청결을 위해 도입한 할례가 그렇다. 게다가 이들은 돼지를 기피하는데, 이는 세트 신이 검은 돼지의 모습으로 호루스에게 상처를 입힌 사실과 밀접한 관련이 있음이 분명하다. 그리고 마지막으로 무엇보다도 이시스 여신의 머리에 암소 뿔이 달려 있기 때문에 이들이 암소를 신성시하여 암소고기를 먹지 않는 것은 물론, 소를 제물로도 쓰지 않는다는 것과 관련 있다는 것이 분명하다. 바로 이런 이유 때문에 이집트인들은 남자든 여자든 상관없이 그리스인과는 입을 맞추지 않는 것은 물론, 그리스인들이 쓰던 것이면 칼, 쇠꼬챙이, 가마 같은 것도 쓰지 않으며 암소고기가 아닌 황소고기라도 그리스인들의 칼로 자른 것은 먹지 않는다. 이들은 자기네들처럼 정결하지도 않고 신들과 가까이 있지도 않다고 해서 극단적 편협함으로 다른 민족을 경멸한다."(에르만, 『이집트의 종교』, 181쪽 이하 재인용)
우리는 물론 인도인들도 이와 비슷한 경향을 보인다는 것을 잊어버려서는 안 된다. 19세기의 유대계 시인 하이네(Heinrich Heine)로 하여금 자기 민족의 종교를 "나일강 골짜기에서 끌어온 역병, 고대 이집트의 불경한 종교"라고 개탄하게 한 것이 누구였던가? [옮긴이] 하이네의 신시집에 있는 「개원하는 함부르크 유대인 병원에 붙이는 시」에 나옴.

**4.**

이 자리에서 나는 이런 비난을 받을지도 모르겠다. 나의 역사적 구성에서 이집트인 모세를 아케나톤 시대 사람이라고 본 것, 유대민족이 그 당시 이집트의 정치적 상황에서 벗어나도록 도와주겠다고 한 결심, 그리고 그가 그의 백성들에게 만들어 주거나 강제한 종교가 이집트에서도 붕괴한 아톤 종교라 주장하는 것 모두에 대해 비난받을지도 모른다. 더구나 이런 역사적 구성이 물적 증거도 없이 너무 자신만만한 추측으로 일관한 것이 아니냐고 비난받을 수도 있다. 그러나 이런 비난은 정당하지 않다. 나는 서문에서 이미 이런 의심의 여지가 있음을 밝히고 흡사 그것을 괄호 밖으로 두고 이 주장을 하였기 때문에 매 중요한 지점마다 그것을 다시 괄호 안에 두고 반복할 필요는 없다고 본다.

내 자신의 비판적 관점을 언급하면서 논의를 진행하고자 한다. 우리 주장의 핵심은 유대 유일신교가 이집트 역사에 있어서 유일신교 시기에서 왔다는 것인데, 이는 많은 학자들이 알고 주장한 것이다. 나는 여기서 이들의 견해들을 여기 다시 나열할 필요가 없다고 본다. 그 이유는 어떤 경로로 이 영향이 이루어졌는지에 대해 이들이 설명하지 못하기 때문이다. 이 영향이 우리가 보기에는 모세라는 개인과 연관이 있어 보이지만 우리가 선호하는 것과는 다른 가능성도 있기에 그것도 염두에 두어야 한다. 아톤교가 공식적으로 소멸되었다고 이집트에서 유일신교의 사조가 완전히 끝났다고는 보기 어렵다. 아톤교를 시작하게 한, 온에 있는 신학교는 이 파국을 넘어 살아남았고, 아케나톤의 사후에도 수십 년간 그들의 신앙관을 유지했을 것이다. 이렇게 되면 모세가 아케나톤의 시대에 산 것이 아니고, 나아가 그의 영향력 아래에서 했던 것이 아니라 해도, 그가 온의 신학교의 일원이거나 사제들 중의 하나라면 그의 행위가 가능했을 것이다. 이런 가능성은 출애굽의 시점을 현재의 시점보다 뒤로 미루어 흔히 역사가들이 받아들이는 시기(기원전 13세기)로 더 가까이 가게 한다.[24] 그러나 이 가능성을 입증할 자료는 없다. 모세가 탈출하게 된 동기에 대한 통찰은 상실되고, 이집트 땅에 지배적인 무정부상태 때문에 탈출이 가능하게 되었다는 설도 사라지고 만다. 19왕조의 다음 왕들은 아주 강한 정부를 이끌었다. 그렇기 때문에 탈출에 유리한 모든 외적·내적 조건들은 이단의 왕인 아케나톤이 죽고 난 직후의 시기에 있었음이 분명하다.

유대인에게는 성경 이외에도 풍부한 내용을 가진 문헌이 있다. 이 문헌에 있는 신화와 전설에는 수 세기 동안 최초의 지도자와 교조의 위대한 인간상을 형상화하여 그것을 멋있게 변용하거나 퇴색하게 한 것도 있다. 이런 자료들에는 모세오경[25]에는 찾아볼 수 없는 귀중한 전승의 이야기들이 펼쳐져 있다. 그런 전설은 어린 시절의 모세가 얼마나 야심만만했던가를 실감나게 보여 주고 있다. 한번은 파라오가 모세를 안고는 장난으로 번쩍 들어 올리자 이 세 살배기 어린애가 파라오의 왕관을 벗겨 제 머리에 썼다고 한다. 왕은 이 일을 이상한 징조로 보고 기겁을 하여 현자들에게 그에 대해 물어보았다는 것이다.[26] 다른 전

---

24) [옮긴이] 일반적으로 출애굽의 시기는 성경에서 기원전 1446~1406년 사이에 있었을 것으로 보고 있으나 최근의 이론은 기원전 1225년으로 보는 견해도 있다.
25) [옮긴이] 일반적으로 「창세기」, 「출애굽기」, 「레위기」, 「민수기」, 「신명기」를 모세오경이라고 하고, 여기에 「여호수아」를 더하여 모세육경이라 한다.

설에는 그가 이집트의 야전 장군으로서 에티오피아에서 무공을 세웠다는 기록도 나오는데 이와 관련해서 왕궁의 정신廷臣들이나 파라오 자신의 질투에 위기를 느끼고 이집트에서 도망쳤다는 기록도 있다. 성서 기록도 우리가 그대로 믿어도 좋을 만한 모세의 특징을 그리고 있다. 성서에 따르면 모세는 유대인 노동자를 학대하는 잔인한 감독관이 쉬고 있을 때 잔혹하게 그를 죽이는가 하면 백성의 배교에 화가 나자 하느님의 산(시나이산)에서 가지고 온 율법판을 깨뜨려 버릴 정도로 화를 잘 내고 성질이 급한 사람이었다. 하느님 스스로도 결국에는 그의 참을성 없는 행위에 벌을 내리지만 어떻게 처벌했는지에 대한 기록은 없다. 칭송의 대상인 모세에게 이러한 성격을 부여했을 리 없을 것이니 이것은 역사적 사실에 부합하기가 쉽다. 유대인들이 처음에 자기들의 하느님에 대해, 질투하고 잔혹하고 무자비한 성격을 각인한 것이 근본적으로는 모세에 대한 기억에서 유래한 것이리라는 생각을 배제할 수 없다. 왜냐하면 실제로 유대인들을 이집트에서 이끌고 나온 것은 눈에 보이지 않는 하느님이 아니라 바로 그 사람 모세였기 때문이다.

모세에게 부여된 다른 모습이 아주 강력하게 우리의 관심을 끈다. 모세는 "말을 잘하지 못하는 자"였음에 틀림없다. 그러니까 말더듬이거나 히브리 말을 잘 못했을 가능성이 있다. 이 때문에 그는 파라오와 담판을 할 때도 형 아론의 도움이 필요했던 것이다.[27] 이것 역시 역사적 진실이 될 수 있고, 이 위대한 사람의 실제 모습을 상상하는 데 기여

---

26) 같은 일화가 약간 변형된 채 요세푸스의 기록에서도 등장한다.
27) [옮긴이] 「출애굽기」, 4장 10절과 14절을 참조하라.

할지도 모른다. 그러나 동시에 여기에는 다른 중요한 의미가 있을지도 모른다. 이 기록은 사실을 약간 왜곡한 모습을 보이기는 하지만, 모세가 다른 나라 말을 하는 사람이어서, 적어도 그들의 소통 초기에는 통역자 없이 셈족에 속하는 새 이집트 인물들과는 의사소통을 할 수 없었다는 사실을 상기시킨다. 그렇다면 이것은 모세가 이집트인일 주장에 대한 새로운 증거가 될 수 있을 것이다.

차츰 이제 우리의 연구가 잠정적인 결론에 도달한 것 같다. 그것이 검증되었든 아니든 간에 모세가 이집트인이었다는 우리의 가설은 더 이상 어떤 이론의 여지가 없다. 어떤 역사가도 모세와 출애굽에 관한 성경의 기록이 자체의 방식대로 설명하기 위해 오래된 전승을 개작한 경건한 창작물 이상의 별다른 것이라고 여기지 않는다. 그 전승이 원래 어떤 모습을 취하고 있었는지 우리로서는 알 길이 없다. 왜곡된 부분이 실제로 어떤 모습이었는지 우리는 알고 싶지만 역사적 사실의 무지로 인해 모호한 채 그냥 받아들일 수밖에 없다. 열 가지 재앙, 홍해 건너기, 시나이산에서 장엄한 율법 받기 같은 성서 서사의 전시물들을 우리 나름대로 재구성할 수는 없지만 그렇다고 이 대립적인 것들이 우리를 호도糊塗하지는 않는다. 그러나 현대의 이성적인 역사 연구의 결과에 우리가 모순적인 것을 찾는다면 우리가 그것을 무관심하게 둘 수는 없다.

마이어[28]를 필두로 하는 현대 역사가들은 결정적인 지점에서 성경의 기록과 만난다. 그들 역시 후일 이스라엘 백성이 되는 유대민족

---

28) Eduard Meyer, *Die Israeliten und ihre Nachbarstämme*(『이스라엘과 그 인접민족』), 1906.

이 역사의 특정 시점에서 이 새로운 종교를 받아들였으리라는 견해를 표명하고 있다. 그러나 이 사건은 이집트도 아니고 시나이 반도의 한 산기슭도 아니다. 그것은 므리바 카데스라고 하는 지방에서 일어난다. 이 지방은 팔레스타인 남쪽 끝자락, 시나이 반도 동쪽 출구와 아라비아의 서쪽 변방 사이에 있는 지대로, 물이 풍부한 오아시스다. 그들은 이곳에서 야훼 숭배를 받아들였는데, 근처에 사는 미디안인들의 아라비아 민족으로부터 전수한 것이라고 한다. 이 근처의 다른 민족들은 이 신의 신봉자였을 것으로 추정된다.

야훼는 화산신이었음에 분명하다. 이집트에는 분명 화산이 없고 시나이 반도의 산들 또한 화산활동이 없었다. 그에 반해 아라비아의 서쪽 변방을 따라서 모세 시기 후에도 계속 활동하고 있었던 것으로 보이는 화산들이 있다. 그러니까 이 중의 한 산이, 야훼의 거주지라고 보았던 시나이-호렙산이었을 것이다.[29] 성서 기록이 여러 경로로 개작되었음에도 불구하고 마이어는 이 신의 본래 성격을 이렇게 재구성하고 있다. 야훼는 밤중에 배회하고 낮의 태양을 두려워하는 무시무시하고도 피에 주린 악령이다.[30]

이 종교의 성립에서 하느님과 인간의 중재자 역할을 한 사람이 모

---

29) 성서의 기록 몇 군데에는 야훼 신이 시나이산에서 내려와 므리바-카데스에 왔다는 기록이 남아 있다. [옮긴이] 이스라엘 백성이 광야에서 먹을 물이 없어 하느님을 원망할 때 모세가 지팡이로 바위를 쳐서 물을 낸 곳이 '므리바'이다. 그런데 성경에 보면 이 므리바가 서로 다른 두 곳으로 언급되어 있다. 첫 번째 장소는 출애굽 후 3개월쯤에 도착한 르비딤(「출애굽기」, 17장 1~7절, 19장 1절), 다른 장소는 출애굽 후 40년이 지나 있었던 므리바-카데스를 말한다(「민수기」, 20장 1~11절, 톰슨 주석 참고).
30) 에두아르트 마이어, 『이스라엘과 그 인접민족』, 38, 58쪽.

세다. 모세는 미디안 제사장 이드로의 사위였는데 그는 하느님의 부름을 받았을 때 그의 양을 치고 있었다. 그는 또 카데스에서 이드로의 방문을 받았는데 이때 이드로가 모세에게 여러 가지 가르침을 베풀었다.

마이어는 유대인의 이집트 살이와 이집트인들이 받은 재난이 어떤 역사의 핵심을 포함하고 있다는 사실을 의심해 본 적이 없지만,[31] 스스로 인정하고 있는 사실을 어디에 자리매김해야 할지 어떻게 평가해야 할지 모르겠다고 고백했다. 오로지 할례속만 이집트에서 온 것이라고 말할 수밖에 없었다. 마이어는 우리가 앞에서 한 주장을 두 가지 중요한 암시를 통해 지지하고 있다. 첫째는, 여호수아가 유대 백성에게 "이집트인들의 조롱을 벗기 위해서라도" 할례를 하라고 명령했다는 것이고, 다음으로는 헤로도토스로부터 인용한 다음과 같은 구절을 통해 페니키아인(유대인을 말한다)과 팔레스타인의 시리아인도 할례를 이집트인들로부터 배운 것이라고 시인했다는 점이다.[32] 그러나 모세가 이집트인이라는 주장에는 여지를 남겨 두지 않는다. "우리가 알고 있는 모세는 카데스 사제들의 조상이다. 따라서 그는 계보학적 전설상의 문화적 인물이지 역사적 인물이 아니다. 따라서 (전승의 뿌리와 가지를 역사적 사실로 믿는 사람이라면 모르겠으나) 모세를 역사적 인물로 다루는 사람 중에 모세에게 어떤 내용물을 채우고, 구체적인 인물로 묘사하거나 혹은 모세가 무슨 행위를 하고, 말하자면 역사적 사업 같은 것이 있다고 예시하는 이는 없다."[33]

---

31) 같은 책, 49쪽.
32) 같은 책, 449쪽.
33) 같은 책, 451쪽.

그에 반해 마이어는 모세와 카데스와 미디안의 관계를 주장하는 데 지치지 않는 정열을 보인다. "모세의 형상은 미디안과 광야에서의 제의와 밀접한 관계가 있다."[34] "이 모세상은 카데스(맛사와 므리바)와 불가분의 관계에 있는데, 바로 모세가 미디안 제사장의 사위였다는 점이 이러한 사실을 뒷받침한다. 그에 반해 모세와 출애굽의 관계, 나아가 그의 젊은 시절의 이야기는 완전히 부수적이고, 그저 전체 모세 전설의 맥락에 집어넣은 결과에 지나지 않는다."[35] 그는 모세의 청년시절에 관한 서사에 포함된 여러 가지 주제도 통째로 빠져 버렸을 것이라는 점을 지적하고 있다. "미디안의 모세는 더 이상 이집트인도 파라오의 손자도 아닌, 그의 앞에 야훼가 모습을 드러낸 목자일 뿐이다. 그리고 열 가지 재앙의 서사가 모세와 이집트의 관계에 대해서도 언급했으면 충분한 효과를 발휘했을 텐데도 그에 대해서는 침묵을 하고 있다. 이스라엘의 아이를 죽이라는 명령도 완전히 잊히고 말았다. 이집트를 탈출하면서 홍해에 이집트인이 수몰되는 데도 모세는 아무런 역할도 하지 않기를 넘어 이름조차 언급되지 않는다. 유년의 전설이 전제하고 있는 영웅적 모습은 뒷날의 모세에게 완전히 탈락하고 보이지 않는다. 그는 오로지 믿음이 깊은 하느님의 사람, 즉 야훼가 초자연적으로 무장시킨 기적의 인물일 뿐이다."[36]

성경에 따르면 치유신(의신)으로서의 놋뱀을 세웠다고 전하는[37]

---

34) 같은 책, 49쪽.
35) 같은 책, 72쪽.
36) 같은 책, 47쪽.
37) [옮긴이] 「민수기」, 21장 9절.

카데스와 미디안의 모세가 우리가 지금까지 살펴본 위대한 이집트인, 즉 백성에게 종교를 만들어 주고 마법과 주술을 엄격하게 저주한 모세와 전혀 다른 사람이라는 인상을 부인하기가 어렵다. 우리의 이집트인 모세와 미디안인 모세의 차이는 보편적인 신 아톤과 신들의 산에 사는 악령 야훼의 차이와 적잖이 닮았을지도 모른다. 그리고 근대 역사가들의 연구 결과에 어느 정도라도 믿음을 가진다면 모세가 이집트인이라는 가설로부터 자아내던 실은 이로써 다시 한번 끊어졌다는 것을 고백하지 않을 수 없다. 이번에는 아무래도 이 실을 다시 이을 희망도 없는 것 같다.

## 5.

여기서 예기치 않게 하나의 출구가 생긴다. 모세에게서 카데스의 사제들을 넘어서는 면모를 찾으려는 우리의 노력과 모세에 대한 기록의 위대함을 확인하려는 노력은 에두아르트 마이어 이후에도 중단되지 않았다(그레스만[38] 등). 1922년 젤린[Ernst Sellin]은 우리의 연구에 결정적인 영향을 미치는 하나의 발견을 제시하였다.[39] 젤린은 선지자 호세아에게서(기원전 8세기 후반) 확실하다시피 한 전승의 징후를 발견했는데,

---

38) [옮긴이] Hugo Gressmann, *Moses und seine Zeit: ein Kommentar zu den Mose-sagen*(『모세와 그의 시대: 모세 전설에 대한 주해』), Göttingen: Vandenhoeck & Ruprecht, 1913.

39) Ernst Sellin, *Mose und seine Bedeutung für die israelitisch-jüdische Religionsgeschichte* (『모세와 이스라엘-유대 종교사에 대한 그의 의의』), 1922.

그 내용은 교조인 모세가 반항적이고 뻣뻣한 백성의 봉기에서 폭력적인 최후를 맞았다는 것이었다. 그의 희생과 더불어 그가 세운 종교도 폐기되었다. 이 전승은「호세아」선지서에만 국한되는 것이 아니라 후기 선지서에서도 반복하여 등장하는데, 젤린에 따르면 이것이 바로 메시아의 도래를 기다리는 사상의 기초가 되었다. 바빌로니아 유수<sup>幽囚</sup>(포로생활)가 끝날 무렵 유대 백성들 사이에서는 그렇게 무참하게 살해된 사람이 사자들 가운데서 다시 살아나서 후회하는 백성, 아마 이들만이 아니라 다른 백성들까지도 영원한 축복의 나라로 이끌 것이라는 희망이 유대인의 가슴속에서 싹트게 되었을지도 모른다는 것이다. 물론 나중에 교조가 될 사람의 운명에 대한 이런 설득력 있는 상황들이 우리 연구의 목표는 아니다.

나는 물론 젤린이 선지서의 내용을 옳게 해석하였는지 판단할 수 있는 능력이 없다. 그러나 그의 판단이 옳다면 그가 주목한 전승에 역사적 신뢰감을 부여해도 좋을 것이다. 그 이유는 그런 일들은 쉽게 꾸며낼 수 있는 일이 아니기 때문이다. 그에 대한 확실한 근거들이 부족하기는 하나, 그런 일들이 실제로 일어난 사건이라면 그들이 이 사건을 잊으려 했다는 것은 쉽게 이해할 수 있다. 우리는 이 전승의 모든 것을 하나하나 다 받아들일 필요는 없다. 젤린은 요단강 동쪽의 싯딤에서 모세가 살해되었다고 말한다. 그러나 그런 장소는 우리의 연구에 따르면 불가능하다는 것을 곧 알게 될 것이다.

우선 이집트인 모세가 유대인들에 의해 살해되었고 그가 창시한 종교는 폐기되었다는 젤린의 가설을 차용하기로 한다. 이 가설은 신빙성 있는 역사적 연구의 결과와 모순되지 않으면서 우리의 실마리들을 계속 풀어 갈 수 있게 한다. 동시에 우리는 이들 저자들과 독립적으로 "우리의 길을 가기로" 하겠다. 출애굽이 우리 논지의 출발점이다. 모세와 함께 이집트를 떠난 사람들이 상당히 많은 수였을 것이다. 이 야심 차고 위대한 일을 성취하려는 사람에게 소규모의 사람은 성에 차지 않았을 것이다. 추측건대 이들 이주 집단은 상당한 규모의 집단을 확립하기 위해 오랫동안 그 이집트 땅에 머물렀을 것이다. 그러나 많은 연구자들이 나중의 유대 부족 중 일부만이 이집트의 대사건들을 경험했으리라는 의견을 받아들인다 하여 큰 문제는 없을 것이다. 환언하면 이집트에서 돌아온 부족이 후일 이집트와 가나안 사이의 지역에서 거기 오래 거주하던 친연 부족들과 합류했을 것이다. 이렇게 합류한 이스라엘 민족은 모든 부족에 공통되는 새로운 종교, 즉 야훼 종교를 받아들이는데, 에두아르트 마이어에 따르면 카데스에 살던 미디안인의 영향하에서 이루어진 것이다. 그 후 이 부족은 가나안 침공을 꾀할 만큼 충분히 강해졌다고 자부하고 있었다. 이 사건이 진행된 것과 모세와 모세 종교의 파국은 서로 잘 맞지 않는다. 다시 말해 이 파국은 합류 훨씬 이전에 일어난 일임에 틀림없다.

유대민족이 성립하는 데는 다양한 요소들이 작용했다는 것은 분명하다. 그러나 이 부족들 사이에서 가장 큰 차이는 이들이 과연 이집트 노예 살이와 그 후 광야를 방황하고 다닌 일들을 모두 같이 경험했느냐 하는 점에 달려 있다. 이 점을 고려하면 우리는 한 민족의 두 부족들이 합류하면서 발생되었을 것이라 생각할 수 있다. 이러한 사건은 이 두 부족이 단기간의 정치적 통합을 한 이후에 다시 이스라엘 왕국과 유다 왕국으로 나누어졌다는 사실에 부응한다. 역사는 나중의 통합

이 다시 앞의 분리로 되돌아가 복구하는 것을 좋아하는 모양이다. 이런 사례 중에서 가장 인상적인 것은 알다시피 종교개혁이다. 이것은 그 전에 로마의 지배를 받던 지역과 로마에 속하지 않았던 게르마니아 사이의 경계선이 그어진 지 천 년 이상이 흐른 후에 다시 나타난 현상이기도 하다. 이 유대민족의 경우 옛날의 상황이 어떻게 충실하게 재현되었는지 증명할 수는 없다. 이 시기에 대한 우리의 지식은 매우 불확실해서, 북쪽 왕국에는 그 이전부터 그 땅에 살고 있었던 사람들이 모여들었고, 남쪽 왕국에는 이집트에서 돌아온 사람들이 모여들었다는 주장을 용인할 수 없다. 그러나 이 분열이 그 이전의 인위적 통합과 연관성 없이 일어났을 것 같지는 않다. 한때 이집트인이었던 사람들은 다른 사람들에 견주어 수적으로는 적었을지 모르지만 문화적으로는 훨씬 우세함을 보였다. 이들은 다른 사람들에게는 없었던 전승을 가져왔을 것이기 때문에 민족의 발전에 강력한 영향력을 행사했을 것이다.

이들은 전승과는 다른 매우 현실적인 것을 가져왔을지도 모른다. 초기 유대인들의 가장 비밀스런 이야기는 레위 지파가 어디서 왔느냐는 점이다. 레위 지파는 유대 열두 지파 중의 하나인 것만 알려져 있을 뿐 실제 어떤 전승을 가져왔는지, 원래 이 지파의 출신 지역이 어디인지, 정복한 가나안 땅 중 어디를 할당받았는지에 대한 언급은 전혀 없다. 이들은 중요한 사제직들을 독점하고 있었지만 사제들과는 달랐다. 레위 사람이 꼭 사제들은 아니었다. 이것은 계급의 이름이 아니었다. 그런데 모세라는 인물에 대한 가설이 한 가지 설명을 해준다. 이집트인 모세와 같은 위대한 인물이 그를 호위하는 사람 없이 낯선 사람들이 그에게 합류했다는 것은 믿을 수 없다. 그는 분명히 수행원들, 가장 가까운 추종자, 서시, 하인들을 데리고 왔을 것이다. 이 사람들이 원래 레위 지파 사람들이었다. 모세가 레위 지파 사람들 중 하나였을 것이라는 전승의 주장은 사실의 분명한 왜곡인 것처럼 보인다. 즉, 레위 지파 사람들은 모세의 사람들이었다. 이러한 해결책은 내가 이미 앞에서 언급한 논문에서 언급한, 오로지 레위 사람들에게서만 나중에도 이집트 이름이 나온다는 사실을 통해 강화된다.[40] 상당한 수의 모세 추종자들은 모세와 그가 세운 종교와 관련된 대참사를 피해 갔다고 추측할 수 있다. 이들은 그 다음 세대에 수적으로 많이 늘어났고, 그들이 살던 지역의 사람들과 동화되었으나, 이들은 자기의 주군 모세에게 충성했으며 그를 기리고 그의 가르침의 전승을 잘 보존해 왔다. 야훼 추종자들과 연합할 무렵 이들은 매우 영향력 있는, 그리고 다른 이들보다 문화적으로 우세한 소수가 되었다.

　나는 잠정적으로 모세가 몰락하고 카데스에서 새로운 종교가 만들어지는 사이에 두 세대, 아니 한 백 년이 흘러갔다고 생각하고 있다. 내가 이들을 구별하기 위해 신 이집트인들이라고 불러야 할, 이집트에서 돌아온 자들이 친연 부족과 합류한 것이 과연 야훼 종교를 받아들이기 전인지 후인지 확인할 길이 없다. 후자가 사실에 더 가까울 것 같긴 하다. 그러나 결과는 어떤 쪽이든 상관없다. 카데스에서 일어난 일은 타협이었으며, 여기에 모세 부족들이 관여했으리라는 것은 부정할 수 없다.

---

40) 나의 생각은 초기 유대문학에 대한 이집트의 영향설을 주장한 야후다의 주장과 일치한다. A. S. Yahuda, *Die Sprache des Pentateuch in ihren Beziehungen zum Ägyptischen*(『모세오경의 언어와 이집트어의 관계』), 1929를 참조하라.

우리는 여기에서 다시 표준 화석 같은 것으로서 아주 중요한 역할을 했던 할례속의 증거를 다시 거론하고자 한다. 이 습속은 야훼 종교에서도 계명이었다. 이것이 이집트와 불가분의 관계로 맺어져 있었기 때문에 그것의 수용은 모세 일파에게 양보를 했다는 것을 의미한다. 모세 사람들이나 그들 중의 레위 지파 사람들은 신성한 민족의 증거를 포기하지 않으려 했다. 그런 한, 이들은 그들의 옛 종교를 구하기 위해 이 새로운 신과 미디안 제사장들이 가르쳐 준 것들을 받아들이려는 준비를 한 것이다. 모세 사람들이 다른 것들도 양보했을 가능성이 있다. 우리는 이미 앞에서 유대인의 의례가 신의 이름을 사용함에 있어서 일정한 제한점을 갖고 있었다는 것을 언급하였다. 말하자면 이들은 야훼 대신에 아도나이라고 불렀어야 했다. 이 규정은 우리의 맥락과 연관 짓고 싶지만 확실한 근거가 없는 추측일 뿐이다. 알다시피 신의 이름을 부르는 것이 금지된 것은 원시적 터부이다. 왜 이것이 유대의 율법에 새롭게 부각되었는지는 알 수가 없다. 그러니까 이것이 새로운 어떤 동기 때문에 발생되었을 수도 있다는 생각을 배제할 수 없다는 뜻이다. 이 금제가 시종일관 수행되었다고 받아들일 필요는 없다. 신적인 이름을 짓는 데, 그러니까 복합 이름을 짓는 데 신의 이름 야훼가 자유롭게 쓰였기 때문이다(요카난 Jochanan, 예후 Jehu, 여호수아 Joshua). 그러나 이런 이름과 관련된 특수한 사정도 있다. 알려져 있다시피 비판적 성서 연구는 모세육경의 원전이 두 개가 있다고 주장한다. 이 두 원전은 각기 J와 E를 쓰는데 전자는 하느님의 이름을 야훼 Jahve로 쓰고 후자는 엘로힘 Elohim이라 쓰고 있다. 그러나 우리는 이 방면의 권위자들 중의 한 분이 한 말을 유념할 필요가 있다. "이름이 서로 다르다는 것은 원래 다른 신들이었다는 데 대한 분명한 증거이다."[41]

우리는 할례속의 전승이 카데스에서 종교가 창설될 당시에 타협이 있었다는 것에 대한 증거로 인정했다. 우리는 그 타협의 내용을 J와 E에 대한 진술들의 일치를 통해 알 수 있는데, 이 점에 있어서 공통의 출처(기록이든 구전이든)에서 나온 것임을 알 수 있다. 주도적 경향은 새로운 신 야훼의 위대함과 권능을 나타내고 있다는 점이다. 모세 사람들이 출애굽에 큰 가치를 두었기 때문에 야훼가 압제로부터 해방한 것에 감사를 돌릴 필요가 있었다. 그래서 이 사건은 화산신의 공포에 찬 위대성을 알게 할 화려한 수식이 필요했다. 가령 밤에는 불기둥으로 변하는 구름(연기)기둥 이야기, 잠시 동안 바다의 바닥을 갈라서 추격하는 이집트의 군대들이 다시 메워지는 물살에 익사하게 하는 폭풍 이야기 같은 것들이 대표적인 것들이다.[42] 이러는 가운데 출애굽과 종교 창설의 시기가 매우 가까워졌고, 그 두 사건 사이의 시간적 거리는 무시되었다. 또한 모세가 십계명을 받은 사건도 카데스에서 일어났던 것이 아니라 분화의 조짐을 보이던 하느님의 산기슭에서 일어났던 것이다. 하지만 이런 서술을 통해 그 사람 모세에 대한 송덕은 지나친 부당함을 겪게 된다. 말하자면 백성들을 이집트에서 해방시킨 것은 그 사람 모세이지 화산신이 아니었다. 이렇게 함으로써 모세에게는 그에 대한 보상을 해야 했고, 그 보상책을 찾은 것이 모세를 카데스 혹은 시나이 호렙으로 옮겨 미디안 사제의 자리에 앉게 한 것이다. 이 해결책

---

41) 그레스만, 『모세와 그의 시대』, 54쪽.
42) [옮긴이] 「출애굽기」, 13장 21절, 14장 21~28절.

을 통해 내칠 수 없는, 두 번째의 절실한 의도를 만족시키게 되는데 그 이야기는 다음으로 미룰 것이다. 그런 방식으로 사람들은 소위 하나의 타협을 이루게 되는데, 미디안의 산에 거주하던 야훼는 그 범위를 이 집트까지 포괄하게 되고, 그에 대한 모세의 존재와 활동은 카데스는 물론이고 요단강 동쪽까지 이르게 된 것이다. 이 때문에 모세는 훗날 종교 개조로서 미디안 사람 이드로의 사위와 동일시되었고, 이 종교 의 개조에 모세라는 이름이 붙게 된 것이다. 그러나 이 다른 모세에 관 해서 우리가 아는 것은 아무것도 없는데, 이 모세는 다른 모세, 즉 이집 트에서 온 모세가 지워 버렸기 때문이다. 다만 우리가 알듯 성서 기록 이 보여 주는 모세의 특성에 모순적인 것들이 있다는 것은 빼고 말이 다. 우리가 아는 모세는 대체로 카리스마가 있고, 성을 잘 내고, 심지어 폭력적인 인물로 그려지고 있다. 그러나 다른 한편 겸손하고 참을성이 많은 사람으로 그려지기도 한다. 하지만 후자의 성격 묘사는 백성들과 함께 위대함과 역경을 극복한 그 이집트인 모세에게는 잘 어울리지 않 는다. 아마도 이 후자의 성격은 또 다른 모세, 즉 미디안의 모세에게나 어울리는 성격이다. 이 두 모세가 다른 인물이라고 생각하는 것이 정 당하며, 그래서 이집트의 모세는 카데스에 간 적도 없고 야훼라는 이 름을 들은 적도 없는 사람, 미디안의 모세는 이집트 땅을 밟은 적도 없 고 아톤의 이름을 모르는 사람이라 생각한다. 이 두 인물을 하나로 접 합할 목적으로 전승이나 신화 서술은 이집트인 모세를 미디안인 모세 에게로 끌어다 붙이는 과제를 맡았던 것 같다. 우리는 이 점에 대한 설 명 이상의 것이 통용되고 있다는 사실을 들어서 알고 있다.

## 6.

우리는 지나치고도 부당한 근거를 들어 이스라엘 백성의 상고사를 재구성했다는 비난을 다시 듣는다 해도 어쩔 수 없다. 우리 스스로가 판단해 보아도 그런 면이 있다고 보는 마당에 그런 비판 때문에 우리가 좌절할 필요는 없다. 우리의 가설이 약점이 있지만 또한 강한 면이 있다는 것을 우리는 알고 있다. 그러기에 이미 발길을 옮긴 방향으로 이 논지를 진행할 가치가 있다는 생각이 지배적이다. 우리가 다루고 있는 성서의 기록은 가치 있고 아주 귀중한 역사적 사실을 포함하고 있지만 어떤 목적을 향한 강력한 의도의 영향 아래 왜곡되고, 문학적 허구의 창작물과 같이 지나치게 미화되어 있기도 하다. 지금까지 우리는 노력을 통하여 그 왜곡의 목적을 해석해 보았다. 이 해석의 결과가 우리가 나아갈 길을 열어 준다. 우리는 이러한 의도들 중 다른 것들을 찾아내야 한다. 이러한 의도들에 의해 이루어진 왜곡들을 인식할 근거들을 찾아낸다면 그 의도의 배후에 숨어 있는 새로운 진상들을 밝혀낼 수 있을 것이다.

이제 모세육경(모세오경과 「여호수아」. 오로지 우리가 여기서 관심을 두는 것은 이 모세육경이다)의 발생사에 대한 비판적 성서연구가 언급하는 것에서 이 작업을 시작해 보기로 하자.[43] 전거가 되는 기록 중 가장 오래된 기록의 저자 J는 야훼파 기자인데, 이 J는 최근에 이르러 다윗왕과 동시대 사람이었던 사제 에비야타르(아비아달)로 보인다.[44]

---

43) 『브리태니커 백과사전』, 11판(1910), '성서' 항목 참조.

정확하게는 알지 못하지만 그로부터 약간 시간이 지난 후에, 북 왕국 사람이었던 엘로힘파 기자가 나타난다.[45] 기원전 722년 북 왕국이 붕괴하자, 한 유대교 사제가 J와 E의 판본을 통합하고 자신의 견해를 덧붙였다. 이 편집본이 말하자면 JE판이다. 기원전 7세기에 다섯 번째 책인 「신명기」가 여기에 덧붙여진다. 이 판본이 완전한 형태로 성전에서 발굴된다. 성전이 파괴될 당시(기원전 596년), 그러니까 바빌로니아 유수와 그 직후에는 '사제본'이라고 불리는 수정판이 나왔다. 그리고 기원전 5세기에 결정판이 나온 뒤로는 오늘날까지 본질적으로는 변하지 않고 있다.[46]

다윗 왕과 그 시대의 역사는 모두 그의 동시대 사람의 손에 의해 기록되었을 가능성이 높다. 이것은 '역사의 아버지'라 불리는 헤로도

---

44) Elias Auerbach(아우어바흐), *Wüste und gelobtes Land*(『광야와 약속의 땅』), 1932.

45) 1753년 장 아스트뤽(Jean Astruc)은 성서의 기자를 처음으로 야훼파와 엘로힘파로 구별했다. [옮긴이] 장 아스트뤽(1684~1766)은 프랑스 외과 의사이며 성서 비판학자이다. 프로테스탄트 목사의 아들로 태어나 어렸을 때 가톨릭으로 개종했다. 1710~17년 툴루즈와 몽펠리에에서 의학교수, 1730년 프랑스 왕 루이 15세의 주치의, 1731년 파리왕립학원 교수를 지냈다. 1735년 익명으로 『모세가 창세기를 쓰면서 사용한 것 같은 원초 기록에 관한 의견』 (*Conjectures sur les mémoires originaux dont il paraît que Moyses s'est servi pour composer le livre de la Genèse*)이란 책을 발표하여 현행 「창세기」는 그 이전에 존재했던 두 개의 자료를 모아 편집한 것이라고 주장했다. 그 근거로 「창세기」는 하느님을 엘로힘(Elohim)이라고 부른 부분과 여호와(Jehovah)라고 부른 부분이 따로 편집되어 한 이야기를 중복하고 있다는 것을 들었다.

46) 전형적 유대인에 대한 마지막 확정은 기원전 5세기의 에스라와 느헤미야가 시행한 개혁의 결과라는 것이 역사적으로 확실하게 규정되었다. 그러니까 이는 유수 직후, 유대인들에게 우호적이던 페르시아의 지배 시기이다. 우리의 계산에 따르면 모세가 등장하고 나서 900년이 흐른 시점이다. 이 개혁에서는 전체 유대민족의 성별(聖別)을 목표로 계명들이 엄격하게 다루어지고, 통혼 금지를 통해 주변 민족과의 분리가 실현되었으며, 본래의 법전인 모세오경이 최종본으로 확정되고, 사제본으로 알려진 수정판이 완결되었다. 그러나 이 개혁은 새로운 목표는 전혀 도입하지 않고, 이전의 습속들을 수용하고 정착하는 선에서 마무리한 것으로 보인다.

토스를 5백 년이나 앞서는 훌륭한 역사 기록이다. 이러한 역사기술의 능력은 우리가 만든 가설에 따라 당시 이집트의 영향을 받았다고 생각하면 이해가 쉬워진다.[47] 그런데 그 상고시대의 이스라엘인들, 말하자면 모세의 서기들이 최초의 문자발명과 무관하지 않다는 추측을 불러일으킨다.[48] 우리는 물론 상고시대에 대한 기록이 어느 정도까지 기록된 옛 그림 혹은 구비전승에 그 바탕을 둔 것인지, 개개의 경우, 사건과 전승으로서의 정착 사이에 어느 정도의 시간적 경과가 있었는가를 알지 못한다. 그러나 오늘날 우리가 갖고 있는 원전은 그 원전 자체의 운명에 대해서 충분한 이야기를 해준다. 상호 대립하는 두 가지의 사실 취급 방법이 그 원전 자체에다 흔적을 남기고 있다. 한편으로는 은밀한 의도에 맞추어 원문을 삭제하고 부풀림으로써 정반대의 내용으로 만들어 버리는 터무니없는 수정 작업의 흔적이 보이는가 하면, 다른 한편으로는 눈앞의 기술 내용들이 일관성이 있는가 아니면 모순되는가에 상관없이 신에 대한 경건한 태도를 앞세워 고스란히 표현에 반영하는 태도가 원문을 지배하고 있다. 바로 이런 이유 때문에 거의 모든 부분에 탈루, 신경에 거슬리는 반복, 뻔히 보이는 모순이 생기는데, 이것은 우리에게 드러내고 싶지 않은 것을 숨기려는 명백한 증거가 아닐 수 없다. 그 함의로 보아 원전의 왜곡은 살인사건과 흡사하다. 어려운 일은 살인의 수행이 아니라 그 행위의 흔적들을 제거하는 것이다.

---

47) 야후다의 『모세오경의 언어와 이집트어의 관계』를 참조하라.
48) 그들이 만일에 우상금지(Bilderverbot)라는 계명을 지키고 있었다면, 새로운 언어 표현을 위한 나름의 문자를 준비하면서, 신성문자(hieroglyphische Bilderschrift)를 버릴 동기가 있었을 것이다(아우어바흐, 『광야와 약속의 땅』 참조).

우리는 독일어 Entstellung(탈루)이라는 말에서 오늘날에는 쓰이지 않지만 근거가 있는 두 가지의 다른 의미를 읽는다. 즉, 이 말은 겉모습을 바꾼다는 의미뿐만 아니라 다른 장소로 이동한다, 다른 곳으로 밀친다는 의미로도 쓰인다. 따라서 수많은 원전 왜곡에서 우리는, 비록 그 원전의 일부가 바뀌거나 탈락되었다 하더라도 이런 왜곡으로 인해 무엇이 은폐되고 무엇이 부정되었는지를 찾아낼 수 있다. 문제는 다만 그것을 인식하는 것이 항상 쉬운 일은 아니라는 데 있다.

우리가 다루려고 하는 이런 왜곡의 의도는 모든 기록의 전승들에 영향을 미친 것임에 분명하다. 우리는 그런 의도들 중 하나, 아마도 모든 것들 중 가장 강력한 증거일 수 있는 하나를 발견하였다. 우리는 카데스에서 새로운 신 야훼를 세우면서, 이 신에게 영광을 돌릴 필요가 있었을 것이라고 말한 바 있다. 더 정확히 표현하자면, 그들은 야훼를 자기네 신으로 설정하고 그 신을 위한 공간을 만들고 그 이전에 있었던 다른 종교의 흔적을 완전히 삭제해야만 했다. 토착 부족들의 종교를 위해 이런 행위는 큰 성공을 거두었던 듯하다. 알다시피 우리는 토착 부족의 종교가 무엇인지에 대해 아는 바가 없다. 그러나 이집트에서 온 사람들에게 이것은 간단한 문제가 아니었다. 이들은 출애굽의 신화와 그 사람 모세와 할례속을 그냥 빼앗길 수 없었다. 이들이 이집트에서 살았다는 것도 분명한 사실이고 이집트를 떠나온 것도 분명한 사실인데 이제부터는 이 이집트의 흔적을 부정해야 하는 상황에 처한 것이다. 그 사람 모세는 미디안과 카데스로 이동시킴으로써 야훼 종교의 창설자이자 야훼의 사제로 융화시키는 형식으로 처리할 수 있었다. 그러나 이집트에서 산 흔적 중에서도 가장 두드러지는 흔적인 할례속만은 보존하지 않으면 안 되었다. 그래서 이 풍습이 이집트 습속임에도 불구하고 이집트의 것이 아니라고 강변하는 노력을 게을리하지 않았다. 그런데 폭로되지 않을 수 없는 상황에 대한 의도적인 반론으로밖에는 이해할 수 없는 것이 바로「출애굽기」에 나오는 수수께끼 같은, 이해할 수 없을 듯이 윤색한 대목이다.[49] 내용인즉슨 할례속을 무시했다고 야훼가 모세에게 화를 내자, 모세의 아내 십보라Zipporah는 서둘러 아들을 할례함으로써 모세의 목숨을 구한다는 내용이다. 우리는 곧 이와 유사한 다른 지어낸 이야기를 만나게 될 것이다. 그러면 이 불편한 증거자료를 인정하게 될 것이다.

야훼가 새롭고도, 유대인에게 낯선 신이었다는 것을 부정하려는 노력들이 있다고 해서 새로운 방향이 등장하였을 것으로 보아서는 안 된다. 그보다는 오히려 앞의 방향들이 지속되기만 했을 뿐이다. 이런 의도에서 유대인들의 조상 아브라함, 이삭과 야곱에 대한 신화가 만들어졌다. 야훼는 자신이 곧 유대인 조상들의 신이었다는 것을 언명한다. 이렇게 함으로써 야훼는 유대의 선조들이 부른 신의 이름 가운데 이 신의 이름이 들지 않았다는 사실을 스스로 고백한 것이나 다름없게 되었다.[50]

이 신 야훼는 어떤 이름들 가운데서 다른 이름으로 불렸는지 밝히지 않는다. 이제 할례속이 이집트에서 유래한 것이라는 가설에 결정타를 가할 때가 온 듯하다. 야훼는 이미 아브라함에게 할례속을 요구하

---

49) [옮긴이]「출애굽기」, 4장 24~26절을 말함.
50) 이 새로운 신의 이름을 부르지 못하도록 한 것이 오히려 더욱 이해할 수 없게 하고 심지어 의심스럽게 만들기까지 한다.

여 그것을 자기와 아브라함의 자손 사이에 맺은 약속의 징표로 삼았다. 하지만 이것은 조잡한 조작에 지나지 않는다. 한 종류의 인간을 다른 인간으로부터 구별하고 다른 사람들과는 특별하게 만들려는 징표를 선택할 때는 통상, 다른 인간에게서는 볼 수 없는 것을 선택하지, 수백만에 이르는 다른 인간들이 보여 주는 같은 방식을 선택할 리는 없는 것이다. 따라서 이집트로 이주한 이스라엘인들은 모든 이집트인을 약속의 형제로, 다시 말해서 야훼 안의 형제들로 인정하지 않으면 안 되었을 것이다. 성서의 텍스트를 만든 이스라엘인들이 할례속이 이집트에서 유래했다는 것을 몰랐다는 것은 말이 되지 않는다. 마이어가 인용한 「여호수아」의 한 구절도 이것을 인정하고 있다.[51] 그러므로 바로 이 구절은 어떤 경우든 폐기되어야 할 것이다.

우리는 이런 종교의 신화 형성에서 논리적 일관성을 지나치게 기대해서는 안 된다. 그렇지 않다면 민중의 입장에서는 선조들과 상호 의무조항을 전제조건으로 계약까지 맺었음에도 불구하고 몇 세기 동안 이 계약의 파트너에게 아무런 관심도 기울이지 않고 있다가 갑자기 그 자손들에게 나타난 이 신의 태도에 당연히 당혹감을 느끼게 될 것이기 때문이다. 더욱 당혹스러운 것은 신이 느닷없이 어떤 백성을 "선택하고"는 그들은 자신의 백성, 자신은 그들의 신이라고 선포한다는 생각이다. 나는 이것을 인류 종교 역사상 초유의 사건이라고 믿는다. 신과 인간은, 태초부터 한 몸체가 되면서, 불가분의 관계를 맺는 것이

---

51) [옮긴이] 「신명기」 5장 8~9절. "또 그 모든 백성에게 할례 행하기를 마치매 백성이 진중 각 처소에 머물며 낫기를 기다릴 때에 여호와께서 여호수아에게 이르시되 내가 오늘 애굽의 수치를 너희에게서 떠나가게 하였다 하셨으므로…."

보통이다. 우리는 이따금씩 백성들이 다른 신을 택한다는 소리는 들어도 신이 다른 백성을 택한다는 소리는 들어보지 못했다. 하지만 모세와 유대민족과의 관계를 상기하면 이 신과 유대인 사이에 있었던 이 유별한 사건을 좀 더 잘 이해할 수 있을 것이다. 모세는 유대인들에게 고개를 숙이고 그들을 자기 백성으로 만든 사람이다. 그러니까 이들은 모세의 '선택된 백성'인 것이다.[52]

족장들이 등장한 것도 다른 의도 때문이었던 것 같다. 원래 족장들은 가나안에 살고 있었는데 이들에 대한 기념은 그 지역이 가진 특수한 지역성과 밀접한 관계가 있다. 이 족장들은 원래 가나안의 영웅들이었거나 지역의 신들이었다가 그 지역으로 이주해 온 이스라엘인들

---

52) 야훼는 의심할 여지 없이 화산신이다. 이집트 사람들은 이 신을 섬긴 적이 없다. 나는 분명 야훼라는 이름과 그와는 다른 신의 이름인 유피테르(요비스)의 어근이 비슷한 데 놀란 첫 번째 사람이 아니다. 요카난(독일 이름 고트홀트[하느님은 자비로우시다]와 카르타고 이름 한니발)이라는 이름은 히브리어 야훼의 합성된 단축형의 이름으로서, 요한(Johann), 존(John), 장(Jean), 후안(Juan) 등의 이름으로 유럽 기독교의 인기 있는 이름이 되었다. 이 이름은 이탈리아인들이 지오반니(Giovanni)라 번역하고, 요일 중 하나를 지오베디(Giovedi, 목요일)라고 부름으로써 이 양자 사이에 유사성이 있음을 암시한다. 이 유사성은 아무것도 아닐 수도 있고, 아마 다양한 의미를 지닐 수도 있다. 바로 이 점에서 상당히 광범위하면서도 불확실한 전망들을 해볼 수 있다. 지중해 동쪽 해안의 여러 나라에서 그 어둡고 역사적 연구가 없었던 그 시기에 화산의 폭발이 빈번했던 듯하고 이것이 그 지역 주민들에게는 강렬한 인상을 주었던 듯하다. 에번스(Arthur Evans)는 크노소스에 있던 미노스의 궁전이 최종적으로 붕괴된 것이 지진 때문이었을 것이라고 추정한다. 대체로 에게해 인근의 모든 국가들이 그랬던 것처럼 그 당시 크레타에서는 모성신 숭배가 성행했다. 아마도 이 모성신이 보다 강력한 신의 공격에 버틸 수 없을 것이라는 느낌이 이 모성신을 남성신들로 대체한 요인이었던 것 같다. 그렇다면 화산신이 그 모성신의 자리를 맨 먼저 차지했을 가능성이 있다. 제우스는 늘 '대지를 흔드는 신'으로 그려진다. 모성신들의 자리를 남성신들(원래는 모성신들의 아들들?)이 차지한 것은 바로 이런 암흑기였던 것으로 보인다. 한 지역의 모성신이었음에 분명한 팔라스 아테나 여신의 존재가 특히 인상적이다. 아테나는 종교의 변전 과정에서 제우스의 말로 그 지위가 격하되면서 그녀의 어머니에게서 탈취당해, 그녀에게 부과된 처녀성으로 그려지면서 지속적으로 모성으로부터 제외된다.

에 의해 상고시대의 조상으로 여겨졌을 가능성이 있다. 말하자면 이 족장들을 등장시킴으로써 자기네들의 토착성을 주장하고 외국으로부터 온 정복자들에게 쏟아지는 지역인들의 증오를 완화시킨 듯하다. 야훼가 이스라엘인들에게 그 옛날 조상들이 소유하던 것을 그들에게 돌려준 것에 지나지 않는다고 선언한 것은 실로 멋진 수사가 아닐 수 없다.

성서 텍스트에 대한 이후의 글들에는 카데스에 대한 언급을 피하려는 의도가 지배적이다. 이제 그들의 종교가 성립된 장소는 영원히 하느님의 산 시나이-호렙으로 고정된다. 이 점에 대한 동기를 찾기란 쉬운 일이 아니다. 어쩌면 당시 사람들이 미디안으로부터 영향을 받은 것을 기억하고 싶지 않았기 때문이었는지도 모른다. 그러나 후대의 왜곡, 특히 사제본의 왜곡에는 또 다른 의도가 있다. 이때부터는 성서와 관련된 특정 사건에 대한 기록을 왜곡할 필요가 없게 된다. 왜냐하면 이미 오래전에 그런 일은 끝이 났기 때문이다. 이제부터는 현재의 규정이나 제도를 대체로 모세의 입법에 근거하여 모세 시대로 되돌리려 노력하였다. 그래야 그들의 신성함과, 신성함에 의한 구속성이 보장될 터이기 때문이다. 과거의 상들이 이런 식으로 교묘하게 위조되었다고 생각했겠지만 이 과정이 특정한 심리적 정당성을 배제하지는 못하였다. 오랜 세월이 지나면서 ── 출애굽에서 에스라와 느헤미야에 의해 성서 원전이 확정되기까지 약800년이 경과한다 ── 이러한 처리 방법을 통해 야훼 종교는 원래의 모세 종교와 일치하도록, 아마도 원래의 모세 종교와 동질성을 가진 종교로 변형되어 갔다.

이것이 바로 유대 종교사가 거둔 본질적인 성과이며, 유대 종교사가 지닌 무거운 운명의 실체이다.

# 7.

훗날의 시인, 성직자, 역사가들이 즐겨 다루곤 하는 상고시대의 모든 사건들 중에서 하나의 사건만이 두드러지는데, 사람들은 가장 손쉽고 가장 좋은 인간의 심적 동기들을 통해 이를 은폐하려고 한 사건이다. 이것은 바로 젤린이 예언서의 해석을 통해 발견해 낸, 바로 가장 위대한 지도자이자 해방자인 모세의 살해이다. 우리는 젤린의 가설을 허황한 것으로 보아서는 안 된다. 그의 가설은 충분히 개연성이 있다. 아케나톤 종교의 일원이었던 모세는 그 왕이 사용한 방법, 즉 명령하고 사람들에게 자신의 믿음을 강제했던 것 이외의 방법을 사용하지 않았다.[53] 모세의 계명은 자기 스승인 아케나톤의 그것보다 훨씬 엄격했을 가능성이 있다. 그는 태양신을 지원 세력으로 삼을 필요도 없었다. 태양신을 섬기는 도시 온의 종교는 그가 이끌고 있던 이방인들에게 아무 의미도 없었다. 모세나 아케나톤이나 모든 선각의 독재자가 겪었던 것과 동일한 운명을 만났다. 모세가 이끈 유대 백성들은 그토록 고도로 영화靈化된 종교를 견딜 수 없었다. 그들이 18왕조의 이집트인들에게 제공되고 있는 것과 동일한 만족을 구할 수가 없었다. 그 결과 두 사건 모두에 동일한 일이 일어났다. 즉 압제의 상태에서 궁핍에 시달리던 백성들이 봉기하여 그들에게 강제된 종교의 짐을 벗어 던진 것이다. 그러나 운명이 신성한 인물인 저희들의 파라오를 데려갈 때까지 기다렸던 온순한 이집트인들과는 달리 야만적인 셈족은 그 운명을 장악하

---

53) 그 당시 백성들에게 영향을 미치는 방법은 이 외에 다른 가능성이 거의 없었다.

고 저희들의 폭군을 제거해 버린 것이었다.[54]

또한 우리는 오늘날 우리 손에 남아 있는 성서 텍스트가 모세의 그런 최후를 남기지 않았다고 주장해서도 안 된다. '광야 생활'에 대한 서술은──이는 모세가 백성을 다스리던 시절의 서술일진대──여러 가지 모세의 권위에 대한 심각한 반발이 있었음을 보여 준다. 물론 이 행위는──야훼의 계명에 따라──피의 숙청으로 다스려졌다. 우리는 그런 폭동 중의 하나가 어쩌다 성서가 기술하고 있는 것과는 다른 결과를 초래했을 것이라는 점을 어렵지 않게 상상할 수 있다. 새로운 종교에 대한 백성의 변절은 물론 하나의 이야기로 성서에 기술되어 있다. 황금 송아지 이야기가 그것이다. 이 이야기에서는 교묘한 표현을 통해 상징적으로 이해해야 할 율법판을 깨뜨리는 일("그가 율법을 깨뜨렸다")이 모세의 행위로 전가되고 모세의 격분으로 인한 일이었다고 서술되어 있다.

이제 백성들이 모세를 살해한 것을 후회하고 그것을 잊어버리려고 노력하는 시기가 온다. 물론 이 일은 카데스에서 두 무리의 백성이 합류했을 때였을 것이다. 그러나 출애굽의 사건을 오아시스인 카데스에서 있었던 종교 창설에 근접하게 하고, 다른 사람(미디안 사제)의 자리에 모세를 두기 위해서는 모세 사람들의 요구를 만족시키지 않으면 안 되었을 뿐 아니라 모세가 살해되었다는 고통스러운 사건은 부정되

---

54) 이집트의 역사가 수천 년에 걸쳐 펼쳐지는 동안 폭력적으로 파라오가 제거되거나 살해되었다는 기록을 찾아볼 수 없다는 것은 주목할 만한 일이다. 예를 들어, 아시리아의 역사와 비교해 보아도 이 기적은 놀랄 만하다. 이것은 물론 이집트 역사 서술이 전적으로 권력의 의도에 따라 기록되었다는 사실과 무관하지는 않다.

지 않으면 안 되었다. 모세가 그 전에 목숨을 빼앗기지 않았다고 하더라도, 정황상 카데스에서 있었던 사건들에 참가했을 것으로 보이지는 않는다.

우리는 여기서 이런 사건들의 전후 맥락을 설명해야 한다. 우리는 출애굽을 18왕조가 몰락한 이후의 시대(기원전 1350년)로 설정하였다. 이집트 연대기 사관들이 대탈출에 이어지는 하렘하브 치세를 무정부 상태의 시기로 기술하는 것으로 보아 출애굽은 이 당시이거나 아니면 이보다 조금 뒤에 있었던 사건으로 보인다. 하렘하브는 그 무정부 상태를 끝내고 1315년까지 이어졌다. 이 연대기의 다음 근거, 즉 사실상 이 연대기의 유일한 근거는 이시라알(이스라엘)을 쳐부수고 그 종자(?)의 씨를 말린 것을 기리는 메르네프타의 석주이다(기원전 1225~1215). 이 석주에 새겨진 명문은 유감스럽게도 의문스럽지만 적어도 당시에 이스라엘 부족들이 이미 가나안에 정착해 있었다는 데 대한 증거는 될 수 있다.[55] 마이어는 당연하게도 이 석주의 명문을 통하여 그 전에 가설로 받아들여졌던 출애굽 당시의 파라오가 메르네프타가 아니었다는 결론을 낼 수 있었다. 그러니까 출애굽은 그 전에 이미 이루어졌을 것이다. 출애굽 당시의 파라오가 누구였느냐 하는 것은 사실상 무의미해 보인다. 출애굽은 권력의 공백기에 있었던 만큼 당시에는 파라오가 없었다. 뿐만 아니라 카데스에서의 이스라엘 부족들의 합류와 종교 창설의 가설을 밝히는 데 메르네프타의 석주 발굴이 도움이 되지 못한다. 우리가 확실하게 말할 수 있는 것은 이런 일이 기원전

---

55) 에두아르트 마이어, 『이스라엘과 그 인접민족』, 222쪽.

1350년에서 1215년 사이에 일어났다는 점이다. 우리는 출애굽이 이백 여 년 세월의 초반부에, 카데스 사건은 그 말기에서 그리 멀지 않은 시기에 일어났던 것으로 추정한다. 그러니까 우리는 이 두 사건이 백여 년에 가까운 이 시기의 대부분을 채울 것으로 추정할 수 있다. 그러니까 우리는 모세가 살해된 후, 이스라엘로 돌아온 자들의 정열이 가라앉고, 모세의 백성인 레위 지파의 영향력이 카데스에서의 타협에 필요 조건이 될 정도가 되기까지 상당히 긴 시간이 흘러갔을 것이라 본다. 이런 일들이 일어나기 위해서는 적어도 두 세대, 즉 60년 정도의 세월은 충분히 필요했을 것이다. 따라서 메르네프타의 석주로부터 우리가 무엇을 추정하기에는 너무 성급하다. 그리고 우리가 세운 이 가설이 다른 가설을 근거로 한다는 것을 인식하고 있는 우리로서는 이 논의가 우리가 구축한 약점을 드러내고 있다는 생각이 든다. 유감스럽게도 유대인의 가나안 정착과 관련된 모든 자료가 지극히 모호하고 혼란스럽다. 예를 들어 우리가 알 수 있는 것은 이스라엘 석주에 있는 민족의 이름이 지금 우리가 추적하는 민족, 즉 훗날 이스라엘 민족으로 합류하게 되는 민족이 아니라는 점이다. 결국 하비루=히브리라는 이름도 아마르나 시대에 이 민족의 이름에 들어온 것이다.

공통된 종교를 받아들임으로써 부족들이 모여 한 민족을 형성해 가는 일은 언제든 일어나기에 그런 일은 세계사에서 크게 주목받지 못할 일들로 치부되기 일쑤이다. 새 종교는 수많은 사건들의 소용돌이에 의해 휩쓸려 나갔을지도 모른다. 플로베르Gustave Flaubert의 표현대로 십자가 수난의 대열에 있었던 신들의 자리를 야훼가 차지했을지도 모른다. 그리고 그들 백성 중 영국인들이 그토록 오래 찾아 헤매던 열 지파

뿐만이 아니라, 열두 지파 모두가 "사라졌을"지도 모른다. 미디안의 모세로 하여금 새로운 백성들을 세우게 했던 야훼 신은 어떤 점에 있어서도 탁월했던 존재는 아니었던 것 같다. 거칠고 투기妬忌하는 지역 신이자 폭력적이고 피에 굶주린 신, 그는 추종자들에게 "젖과 꿀이 흐르는 땅"을 주기로 약속하고는 이미 그 땅을 차지하고 있던 성읍의 주민을 "날카로운 칼날로"56) 죽일 것을 요구했다. 상당 부분이 개작되었을 터임에도 불구하고 성서의 기록 중에서 야훼가 본래 지니고 있던 모습을 기술하는 부분이 그대로 방치되어 있는 것은 참으로 놀라운 일이 아닐 수 없다. 야훼의 종교가 정말 유일신교였는지 이 종교가 다른 민족 신의 성격을 부정했는지 또한 분명치 않다. 추측건대 이 유일신 야훼는 다른 어떤 신보다 더 강한 신이라고 믿었던 것만은 분명해 보인다. 그렇다면 다음에 이어지는 일체의 서술은 그런 가설들과는 다른 방향을 취하게 되는데 그 원인은 굳이 말하자면 한 가지 사실에서 찾을 수 있다. 그것은 이집트인 모세가 자기 백성의 일부에게 고도로 영화靈化된 신의 사상을 가르쳤다는 사실이다. 그것은 유일하고도, 세계를 포괄하는 신, 전능한 동시에 만물을 사랑하는 신, 모든 의례나 마술을 혐오하고, 인간이 진리와 정의를 최고의 목표로 삼게 한 신의 사상이었다. 아톤 종교의 윤리적 측면에 대한 우리의 연구가 완전한 것은 아니지만, 아케나톤이 비명에다 항상 자신을 서술하면서 "마아트(진리와 정의)에 살다"라고 한 것과 무관하지 않다.57) 백성은 머지않아 모

---

56) [옮긴이] 한글 성경 「여호수아」, 6장 21절, 「출애굽기」, 17장 13절에는 그저 "칼날로"라고만 표현되어 있다. 독일어 성경에는 "mit der Schärfe des Schwertes"(날카로운 칼날로, 또는 칼날의 날카로움으로)라고 표현하여 그 잔인함을 강조하였다.

세교를 버리고 그를 죽였지만 긴 호흡으로 보면 별 영향을 미치지 못하였다. 모세교의 가르침은 전승으로 남고, 그 영향력은 물론 수 세기에 걸쳐 점차적으로, 모세 스스로도 이루지 못했던 것들에 영향을 미쳤기 때문이다. 카데스 이후에 모세가 유대 백성에게 이룩한 해방의 공로는 야훼의 손에 넘어가면서 야훼가 부당한 영예를 안게 되었으나 야훼는 이 횡령의 값을 호되게 치르지 않으면 안 되었다. 야훼 신이 차지한 모세 신의 그림자는 그보다 더 강해졌고 오랜 발전을 하다가 야훼라는 존재의 배후에 망각된 모세 신의 존재가 나타나게 되었기 때문이다. 그러니까 그 어느 누구도 오직 이 다른 신의 사상만이 이스라엘 백성이 짊어졌던 모든 운명을 극복하고, 그들이 오늘날까지도 살아남게 하였다는 것을 부정할 수 없다.

야훼 신에 대한 모세 신의 종국적 승리에 레위 지파가 어떤 역할을 했는지 잘 알 수 없다. 레위 지파는 그 당시 카데스에서 타협이 성립될 당시에 자기네들을 이끈 사람이자 동포인 자기 지도자에 대한 기억을 생생하게 간직한 채, 모세의 편을 들었다. 그 이후 수 세기 동안 이들 레위 지파는 백성들 속에서 또는 사제들로서의 주된 역할을 수행하였다. 의례를 집전하거나 감독하고, 그 외에도 거룩한 성서를 잘 보존하고 그들의 의도에 따라 편집하는 사제 계급의 핵심으로 성장했다. 그러나 그들이 수행한 모든 번제와 모든 의례가 모세의 가르침이 무조건 배제했던 마법과 주술이 아니었던가? 이때 더 이상 흩어질 수 없는

---

57) 아케나톤의 찬가는 신의 보편성과 유일성만 강조한 것이 아니다. 그것은 모든 창조물에 대한 신의 따뜻한 사랑, 자연에 대한 기쁨, 그 자연이 지닌 아름다움의 향유도 강조하였다. 브레스티드의 『양심의 시초』를 참조하라.

많은 백성들 사이에서 남자들이 일어나 모세와 직접 관련을 맺지 않았지만 그 위대하고 강한 전승에 압도된 채, 어둠 속에서 성장한 이 남자들, 곧 이 선지자들은 지칠 줄 모르고 그 옛날 모세의 가르침, 즉 이 신이야말로 제사와 의례를 싫어하고, 오로지 진리와 정의('마아트')로운 믿음과 삶만을 요구한다고 선포하였다. 이 선지자들의 노력은 연이어 큰 성공을 거두었다. 그들이 옛 믿음을 다시 살린 그 가르침은 유대 종교의 영속적인 내용으로 자리 잡아 갔다. 비록 동기는 외부에서 왔고, 그것도 어떤 위대한 낯선 사람에게서 오기는 했으나, 그런 전통을 살리고 그런 전통의 부흥에 힘을 실어 준 사람들을 길러 내는 것이 유대인들에게는 큰 영광이었다.

모세가 이집트인이라는 것을 인정하지 않으면서도 유대인의 종교사에서 모세의 의미를 그와 같은 눈으로 본 다른, 이 분야 전문가들의 비판을 인용하지 않는다면 이런 주장에 대해 나로서는 편안한 마음을 가질 수 없을 것이다. 예를 들어 젤린은 이렇게 말한다.[58] "그러므로 우리는 모세의 진정한 종교, 즉 모세가 선포한 하나의 도덕적인 신에 대한 그의 믿음이 백성 가운데 조그만 집단의 믿음이었다고 생각해야만 한다. 우리는 처음부터 공적인 숭배나 사제들의 종교나 백성들의 믿음에서 그런 믿음을 찾을 수 있을 것이라 기대해서는 안 된다. 우리는 그저 모세가 점화한 정신의 불꽃이 여기저기서 작은 섬광으로 등장한다고 생각해야 한다. 그래서 그의 이념은 사라지지 않고 여기저기서 조용하게 믿음과 도덕에 영향을 미치게 되며, 결국 조만간에 특별

---

58) 젤린, 『모세와 이스라엘-유대 종교사에 대한 그의 의의』, 52쪽을 참조하라.

한 체험의 영향이나 혹은 모세의 정신에 감동을 한 인물들이 다시 한 번 그것을 강하게 재점화함으로써 많은 백성들에게 지대한 영향을 미친다고 생각해야 한다. 고대 이스라엘 종교사는 처음부터 이런 관점으로 고찰하여야 한다. 어떤 사람이 가나안에서 첫 5세기 동안의 민중적 삶을 살았던 유대인들의 사료를 다루듯이 종교를, 특히 모세의 종교를 재구성하려고 한다면 그 사람은 심각한 방법론적 오류를 범하게 될 것이다." 폴츠는 이보다 더 분명하게 말한다.[59] "모세의 위대한 업적은 처음에는 희미하게 그리고 별것 아닌 것으로 이해되고 실행되었을 것이다. 그러나 수 세기를 거치면서 수많은 사람들의 마음속에 스며들었고 드디어 위대한 선지자들에 이르러서 이 고독한 인간의 업적을 계승한 유사한 정신들이 태동한 것이다."

이제 내 연구가 결론에 이른 듯하다. 내 연구는 이집트인 모세의 모습을 유대 역사의 맥락에 편입하려는 의도에 유일하게 집중하였다. 나의 결론은 간단한 문구를 통해 나타낼 수 있다. 유대의 역사는 '둘'과 불가분의 관계에 있다. 한 유대민족을 만든 것은 두 무리의 백성들이고, 나중에 나라가 분열될 때도 두 왕국이었으며, 성서 원전에 나타난 신의 이름도 두 개이다. 여기에다 우리는 근자의 두 가지 이중성을 덧붙일 수 있다. 첫 번째 종교의 자리를 두 번째 종교가 차지하지만 그럼에도 불구하고 뒷날에는 이 첫 번째 종교가 두 번째 종교의 배후에서 찬란하게 떠올라 두 종교가 성립되었다는 것, 이름은 모세로서 동일하

---

59) Paul Volz, *Mose: ein Beitrag zur Untersuchung über die Ursprünge der israelitischen Religion*(『모세: 이스라엘 종교 기원의 조사에 대한 연구』), Tübingen 1907, S. 64.

지만 그 개성이 서로 다른 두 종교의 개조라는 점이 바로 이 두 이중성이다. 이 모든 이중성은 첫 번째 이중성, 즉 민족의 한 부분은 트라우마의 원인이 될 만한 체험을 하였지만, 민족의 다른 부분은 이 체험에서 제외되었다는 사실의 필연적인 결과인 것이다. 이외에도, 달리 언급하거나 설명하거나 주장할 방법이 얼마든지 있기는 하다. 그러나 우리의 역사 연구에 대한 진정한 관심은 이렇게밖에 정당화할 수 없다. 전승의 진정한 본질은 어디에 있는지, 그 특별한 힘은 어디에 근거하는지, 세계사에 대한 위대한 개별 인간의 영향을 부정하는 일이 얼마나 힘든지, 물질적 욕구에서 나온 동기만을 인정함으로써 인간 생활의 다양성을 얼마나 모독하는지, 많은 이념, 특히 종교 이념은 어떤 근원에서 나오는지, 이 힘으로 그들이 인간과 민중을 얼마나 예속시키는지 ── 유대 역사의 특수한 경우에 있는 이 모든 것을 연구하는 것이 매력적인 일임에는 분명하다. 내 연구를 이런 식으로 확장하면 내가 25년 전『토템과 터부』에서 쓴 논증에 대한 실마리를 찾을 수 있을 것이다. 그러나 나에게 그것을 수행할 힘이 남아 있지 않다.

# III.

## 모세, 그의 민족, 그리고 일신론적 종교

# 제1부

## 서문 I (1938년 3월 이전)

잃을 것이 없거나 적은 사람이 갖는 무모함으로, 나는 단단하게 밝힌 나의 결심을 두 번째로 깨고 『이마고』(XXIII, Heft 1 & 3)에 게재한 모세에 관한 두 편의 논문[1]에 이어 망설이고 있었던 마지막 논문을 보충하고자 한다. 내가 논문을 더 쓸 힘이 남아 있을 것 같지 않다는 말로 두 번째 논문을 끝맺었다. 그 말은 물론 나이가 들어 창조적 능력이 약화되었다는 뜻이었다.[2] 그러나 나는 그것 말고도 다른 장애가 있었다.

우리는 아주 기이한 시대에 살고 있다. 진보가 야만과 결탁하고 있다는 사실을 보고 놀라움을 금할 수 없다. 소비에트 러시아에서는 압

---

1) [옮긴이] 앞의 두 논문, 「이집트인 모세」와 「모세가 이집트인이었다면」을 말함.
2) 내 나이 또래인 버나드 쇼(George Bernard Shaw)가 사람은 한 삼백 년쯤 살아야 제대로 할 일을 할 수 있다고 한 견해에 동의하지 않는다. 삶의 조건에 근본적인 변화가 없다면 나이가 많다고 해서 무엇을 이룰 수 있는 것은 아니다.

제하에 있는 약 1억 명의 인민들에게 더 나은 삶을 보장하려는 움직임이 꿈틀대고 있다. 그들은 인민들로부터 '아편'이라는 종교를 빼앗을 만큼 무모하고, 그들에게 상당량의 성적 자유를 줄 만큼 현명했다. 하지만 그들은 그런 일을 벌이면서 인민들을 잔혹하기 이를 데 없는 강제에 시달리게 하고, 그들에게서 사상의 자유를 향한 모든 가능성을 박탈했다. 이와 유사한 폭력으로 이탈리아인들은 강압적인 질서와 의무감으로 교육을 받았다. 그러나 거의 원시 야만시대로 돌아가 일절 어떤 진보적 이념이라곤 기댈 수 없는 상황이 벌어지는 독일민족의 경우를 본 우리로서는 그것이 오히려 압박해 오는 걱정을 해소해 주는 듯한 인상을 받는다. 어찌 되었든 세계의 정세는 지금 보수적인 민주주의가 문화적 진보의 수호자가 되고, 특이하게도 바로 그 가톨릭교회라는 기관이 이 문화적 위험의 확산에 강력하게 저항하는 형국이 되었다. 지금까지 사상의 자유와 진리 인식의 진보에 대해 철저한 적개심을 보이던 게 바로 이 가톨릭교회가 아니던가!

우리는 여기 이 가톨릭 국가에서 그것이 언제까지 갈지 모르지만 보호를 받으면서 살고 있다. 그러나 이 보호가 지속되는 한, 물론 우리는 교회의 적개심을 불러일으킬 수 있는 일을 과연 할 수 있을까 하는 생각이 든다. 그것은 비겁함 때문이 아니라 조심성 때문에 생긴 것이다. 우리가 섬기기를 거부하는 새로운 적은 우리가 견뎌 내지 않으면 안 되었던 옛적보다 훨씬 더 위험하다. 어쨌든 우리가 수행하는 정신분석은 가톨릭으로부터 의혹의 눈총을 받은 지 이미 오래다. 나는 그들이 그렇게 하는 것이 부당하다고 주장하지 않는다. 우리 연구가 진행되어 종국적으로 종교를 개인의 신경증에 환원시키는 결론에 이르게 되고, 종교의 막강한 힘을 환자 개인의 신경증적 강박으로 설명하게 되는 날, 우리를 지배하고 있던 힘이 우리에게 거부감을 드러내게 되리라는 것이 분명하다. 우리가 25년 전에는 분명하게 말할 수 없었던 어떤 새로운 것이 있고, 그것을 지금 말하고자 하는 그런 상황은 아니다. 그러나 이것은 그 후로 오랫동안 잊혔지만, 그런 식으로 묻혀서는 안 되기에 지금 다시 그때 일을 반복함으로써, 모든 종교의 창설의 기준을 제시할 수 있는 사례를 말하고자 한다. 어쩌면 이 일이 정신분석 활동이 금지당하는 사태로까지 발전할지도 모른다. 그런 폭력적인 일들은 가톨릭교회에 결코 낯선 일이 아니다. 오히려 다른 기관이 이런 방법을 쓴다면 그들은 자기들의 특권이 침해당한다고 느낄 것이다. 그러나 내가 한평생 다루어 온 이 정신분석은, 이 학문이 탄생하고 자라 왔던 그 도시보다도 더 안전한 거처를 아직 확보하지 못하고 있다.

나는 이러한 또 하나의 장애, 외적인 위험 때문에 모세에 관한 내 연구의 마지막 부분 출판을 단념하리라는 사실을 어렴풋이 생각할 뿐 아니라 잘 알고 있기도 하다. 이러한 불안이 나 자신에 대한 과대평가 때문에 생기는 것은 아닌가 하고 생각해 보면서 발생하는 어려움을 제거하려고 노력도 해보았다. 내가 모세와 유일신교의 발생에 관하여 쓰는 것을 당국이 분명 아주 무관심하게 바라볼 수도 있을 것이다. 하지만 나는 이것을 확실하게 판단할 자신이 없다. 그러나 오히려 아직 내가 속한 사회에서 평가받지 못하는 자신을 두고 사악함과 선정성으로 도배를 하게 될 것은 분명해 보인다. 따라서 나는 이것을 발표하지 않을 생각이다. 그러나 내가 이 글을 쓰는 것을 멀리할 필요는 없다. 나는 이미 2년 전에 일단 손을 댄 적이 있으므로 이것을 개작하여 앞에 발표한 두 논문 뒤에 연결하기만 하면 된다. 이렇게 되면 이 논문은 숨겨진 채 잘 보존될 것이다. 그러면 언젠가 이 글이 위험을 감수하지 않고 빛을 보게 되는 시간을 갖게 될 것이다. 아니면 언젠가 나와 동일한 생각을 가지고 동일한 결론을 가지는 사람이 나타나 그 암흑기에도 나와 같은 생각을 한 사람이 있구나 하고 말할 수 있는 날이 올 것이다.

### 서문 II (1938년 6월)

모세라는 인물과 관련된 연구를 집필하는 동안 나를 압박하던 아주 어려웠던 문제들로 인하여 —— 내적 회의와 외적 방해들로 인하여 —— 나는 이 세 번째 결론에 해당하는 논문이, 서로 모순되는 동시에, 사실 서로가 서로를 배제하는 두 개의 다른 서문을 쓸 수밖에 없었다. 그 이유는 이 두 개의 서문이 쓰이게 된 짧은 기간 동안 나의 상황에 근본적인 변화가 있었기 때문이다. 첫 번째 서문을 쓰고 있을 때 나는 가톨릭교회의 보호를 받으면서 살고 있었는데, 그 당시 나는 이 논문이 출판되면 교회의 보호를 잃고, 오스트리아에 있는 내 정신분석의 동료나 제자들에게 연구 금지를 불러오지 않을까 두려웠다. 그런데 곧바로 독일이 침공하였다. 그러자 가톨릭교회는 성경의 용어로 말하자면 "상한 갈대"의 모습이 되었다. 이제 나의 사상만이 아니라 나의 '인종' 때문에라도 박해를 받게 될 것이 분명하게 보였다. 나는 많은 친구들과 함께 어린 시절부터 78년이나 살아오던 고향인 이 도시를 떠났다.

　나는 아름답고, 자유롭고, 너그러운 영국에서 따뜻한 환영을 받았다. 이제 나는 환영받는 손님으로 이곳에서 살게 되었으며, 안도의 숨을 내쉬며 나를 짓누르던 압박에서 벗어나 내가 원하는 대로 혹은 나의 계획대로 다시 강연을 하고 글을 집필할 수 있게 되었다.—— 하마터면 내가 원하고 계획한 대로 생각할 수 있게 되었다라고 말할 뻔했다. 이제 나는 과감하게 내 논문의 마지막 부분을 독자들에게 출판하여 공개하려 한다.

이제 외적 방해는 더 이상 없어졌거나, 적어도 나를 놀라게 할 만한 방해는 없다. 여기에 도착한 지 몇 주일 동안 나는 나의 도착을 기뻐하는 수많은 친구들로부터, 내가 여기에서 자유와 안전함을 얻게 되었다는 것에 만족감을 드러내고 싶어 하는 미지의 사람들, 관련 없는 사람들로부터 무수한 격려 편지를 받았다. 거기다가 이방인으로서는 놀라지 않을 수 없는 특별한 종류의 편지가 너무도 많이 왔는데, 그것은 내 마음의 치유를 기원하거나, 그리스도의 수난을 보라며 위로하거나, 이스라엘의 미래에 관해 나에게 생각을 알려 주는 것들이었다.

이런 식의 편지를 보내 준 선량한 사람들은 나에 대해서 잘 알지 못한다. 그러나 모세에 대한 이 논문이 발표되고 나의 새로운 동포가 된 사람들의 언어로 그것이 번역되면, 지금 그들이 나에게 기울여 준 동정심의 상당 부분을 상실하게 될 것이라고 본다.

정치적인 상황 변화 때문에 내 거주지가 변경되었지만 그것들이 나의 내적인 어려움들은 아무것도 바꾸어 놓을 수 없었다. 전과 다름없이 나는 내가 쓰고 있는 이 논문을 두고서는 불안함에 시달린다. 저자와 작품 사이에 있어야 할 동질성과 소속감의 의식이 내게는 없다. 사건들의 사실 여부에 대한 확신이 없어서 그런 것은 아니다. 나는 이미 25년 전인 1912년 『토템과 터부』를 쓸 당시에 이런 확신을 얻은 바 있고, 그 이후 이 확신은 점점 확고해지고 있다. 그 시기 이후 나는 종교현상이라는 것은 우리가 익히 알고 있는 개인의 신경증 증상을 모델로 이해해야 한다고, 즉 인류의 가족이 이룬 원시적 역사 속에서 잊혀진, 의미심장한 사건의 반복으로 이해해야 한다고 보고, 그 종교현상이 강박적 성격을 지니는 것은 바로 이 기원에서 출발하여, 말하자면 그 실제적 진리 내용을 토대로 하여 인간에게 영향을 미친다는 것을 한 번도 의심한 적이 없다. 나의 불확실성은, 유대인의 유일신교와 관련하여 여기에서 선택한 예에 대한 명제를 입증하는 데 성공했느냐는 물음을 자신에게 하면서부터 시작된다. 그 사람 모세에서 출발하는 이 논문은 나의 이 비판에, 흡사 발끝으로 균형을 잡는 춤꾼처럼 보인다. 내가 만일 기아棄兒 신화의 분석적 해석을 토대로 모세의 최후에 대한 젤린의 추론에까지 나의 생각을 확장하지 못했다면 이 논문은 시작되지도 못했을 것이다. 나는 아직도 도전하고 있다.

모세에 대한 순전히 역사적 연구인 나의 두 번째 연구의 결과들을 요약하는 것으로 나는 이 글을 시작하려고 한다. 이 결과들에 대해서는 여기서 다시 비판적으로 고찰하지 않겠다. 왜냐하면 이 결과들이 그 자체에서 출발하여 항상 그리로 다시 돌아가는 심리학적 주제들의 전제를 형성하기 때문이다.

## A. 역사적 전제

우리의 관심을 끄는 사건들의 역사적 배경은 다음과 같다. 18왕조의 정복을 통해 이집트는 세계제국이 되었다. 새로운 제국주의는 민족 전체에게는 아니더라도 적어도 지배자 계급이나 정신적 지도자인 상층 계급의 종교 관념의 발전에 그대로 반영되어 있다. 아시아로부터 유래한 어떤 영향을 통해 강화된 것이겠지만 온(헬리오폴리스)에 근거지를 둔 태양신을 섬기는 성직자들의 영향 아래에서 보편적인 신 아톤의 사상이 발생했다. 이것은 한 나라 한 민족에만 국한되지 않았던 신에 대한 사상이었다. 이윽고 젊은 파라오 아멘호테프 4세가 왕좌에 올랐는데, 그는 아톤 신의 사상을 전개하고 발전시키는 것 이외의 다른 일에는 아무 관심도 없었다. 그는 아톤교를 국교로 삼고 그를 통하여 이 보편적인 신은 유일신이 되었다. 이때부터 사람들이 하는 다른 신에 대한 이야기는 모두 사기이자 거짓이었다. 그는 놀라우리만치 단호함으로 일체의 주술적인 사고방식의 유혹을 뿌리쳤다. 심지어는 이집트인들에게 그토록 의미심장했던, 사후의 삶에 대한 환상도 부정했다. 놀랍게도 후세의 과학적 발전을 예견이라도 하듯 그는 태양광선의 힘에서 이 지상에 있는 모든 생명의 근원을 인식하고, 그것을 그가 숭배하는 신의 권능의 상징으로 인식했다. 그는 창조에 대한 환희를 찬미했고, 마아트(진리와 정의) 속에 있는 자신의 삶을 찬미했다.

　　이것이 인류 역사에 있어서 유일신교 최초이자 아마도 가장 순수한 경우일 것이다. 이 유일신교의 탄생이 지니는 역사적, 심리적 조건들을 깊이 들여다보면 말로 표현할 수 없는 가치가 있음을 알 수 있을 것이다. 하지만 안타까운 점은 이 아톤교에 대해 우리가 알고 있는 것이 너무나 적다는 것이다. 아케나톤의 허약한 후계자가 왕위를 계승했을 때 이미 그가 이룬 모든 것이 파괴되었기 때문이었다. 아케나톤으로부터 압제를 받던 성직자들은 아케나톤의 추모에 혹독한 복수를 했다. 아톤교는 폐기되고 악인으로 낙인찍힌 파라오의 궁성은 파괴되고 약탈당했다. 기원전 1350년에 18왕조는 사멸했다. 무정부 상태가 지속되다가 1315년까지 다스렸던 하렘하브 장군이 질서를 다시 회복했다. 아케나톤의 개혁은 망각의 강으로 흘러간 하나의 이야기처럼 보였다.

　　여기까지가 역사적으로 확인할 수 있는 부분이다. 여기서부터 우리가 세운 가설의 속편이 이어진다. 아케나톤의 무리 중에 토트메스라는 당시엔 흔한 이름[3]을 가진 사람이 있었다. 이 이름의 뒷부분이 –모세(무슨 모세)라는 것을 제외하면 별로 중요하지 않다. 이 사람은 지위도 높았고 아톤교의 독실한 신자이기도 했지만 생각이 깊은 사람이었던 아케나톤에 비해 정열적이고 격정적이었다. 이런 사람에게 아케나톤 왕의 죽음과 아톤교의 붕괴는 그가 가진 모든 희망의 종말을 의미했다. 추방된 자나 배신자로 그는 이집트에서 살 수밖에 없었다. 아마도 그는 변방의 총독으로서 몇 세대 전에 그 지역으로 흘러들어 와 있

---

3) 예를 들어 텔–엘–아마르나에서 발견되었던 공방의 주인인 조각가도 그런 이름이었다.

던 셈족과 접촉하게 되었을지도 모른다. 절망과 고독의 궁지에서 그는 이 이방인들에게 눈을 돌려 그들에게서 자기 상실을 보상받고자 했을지도 모른다. 그는 이들을 자기 백성으로 삼고 그들에게서 자기 이념을 실현코자 했을 것이다. 자기 측근들과 함께 이들을 데리고 이집트 땅을 떠나온 다음 할례를 징표로 이들을 신성한 백성으로 만들고, 율법을 베풀고, 당시 이집트가 버린 아톤교의 교리를 받아들이게 했을 것이다. 그 사람 모세가 자기 백성인 유대인에게 베푼 가르침은 그의 원주인이자 스승인 아케나톤의 가르침보다 훨씬 엄격했을지도 모른다. 아마도 그는 아케나톤이 끝까지 신봉하던 온의 태양신에 대한 믿음을 포기했는지도 모른다.

우리는 유대인의 출애굽을 기원전 1350년 이후의 공위시대에 일어났던 일로 보아야 할 것이다. 그 이후 가나안 땅의 점령을 완료하기까지의 시기는 불분명하다. 현대의 역사 연구는 성서 기술이 누락한 혹은 성서가 개작한 암흑시대로부터 두 가지 사실을 도출해 내었다. 첫 번째 사실은 젤린이 발견한 것으로서, 성서의 기록에도 드러나듯이 율법의 제정자인 지도자에게 고집을 부리고 아주 반항적이었던 유대인들이 어느 날 이 지도자에게 반기를 들고는 그를 죽이고, 이집트인들이 일찍이 그랬듯이 그들에게 강요되었던 아톤교를 폐기했다는 사실이다. 그리고 두 번째 것은 마이어가 증언하고 있는 것으로, 출애굽한 유대인들이 아라비아계 미디안인들의 영향을 받고는 팔레스타인, 시나이 반도, 아라비아 사이에 있는 물이 풍부한 카데스에서 친연관계가 있는 다른 부족과 합류하고는 화산신 야훼를 섬기는 새로운 종교를 받아들였다는 사실이다. 그 이후에 곧장 이들은 가나안 정복자로 쳐들어갈 준비를 했다는 사실이다.

이 두 사건의 시간적 관련성이나 출애굽의 관계는 매우 불확실하다. 가장 가까운 역사적 근거는 파라오 메르네프타의 석주이다(기원전 1215년까지 재위). 이 석주는 시리아와 팔레스타인의 전쟁에 대한 기록으로서 "이스라엘"이라는 말을 피정복지 가운데 한 곳으로 증언한다. 우리가 이 석주의 연대를 최종시한$^{terminus\ ad\ quem}$으로 본다면 출애굽부터 이러한 일련의 시기까지는 약 한 세기(기원전 1350년부터 기원전 1215년 전까지)에 해당한다. 그러나 이스라엘이라는 이름은 우리가 찾고 있는 민족과는 아무런 관계가 없을 수도 있고, 실제로 우리가 추정하는 기간은 훨씬 더 길어질 수밖에 없다. 뒷날의 유대인들이 가나안에 정착하게 된 것은 급하게 진행된 정복이 아니라 파상적인 공격에 따라 오랜 기간 동안 이루어진 결과로 추정할 수도 있다. 메르네프타 석주의 기록을 무시한다면 우리는 모세의 시대[4]를 한 세대 즉 30년으로 쉽게 추정할 수 있다. 이것은 카데스에서 두 백성이 합류하게 되기까지 최소한 두 세대나 분명 그보다는 더 많은 세대로 생각할 수 있다.[5] 카데스에서의 합류와 가나안 침공 사이의 기간은 짧은 기간일 듯하다. 우리가 앞의 논문에서 언급했듯이 유대의 전승은 출애굽에서부터 카데스의 종교 창설까지의 기간을 짧게 잡을 근거를 제공한다. 그러나 우리의 관심사의 입장에서 보면 반대의 경우도 생각해 볼 수 있다.

그러나 이 모든 것은 아직은 역사이고, 우리 역사 인식의 간극을

---

4) 이것은 성서에 나오는 40년 광야생활과도 일치한다. [옮긴이] 「민수기」, 14장 33절 참조.
5) 그러니까 모세의 시대를 기원전 1350(40)년~1320(10)년, 카데스 합류를 1260년이나 조금 뒤, 메르네프타 석주는 1215년 이전으로 잡을 수 있다.

메우려는 시도일 뿐이며, 『이마고』에 실린 내 논문의 요약일 뿐이다. 우리가 관심을 기울이는 것은 유대인의 반란이 좌절시킨 것처럼 보이는 모세와 그가 가르친 교리의 운명일 뿐이다. 기원전 1000년에 쓰였지만 그 이전의 기록을 바탕으로 기술한 것임에 틀림없는 야훼파 사제들의 기록에서, 우리는 당시까지만 해도 구분이 뚜렷하던 카데스에서의 합류와 종교 성립이 두 무리의 타협에 의해 이루어졌다는 사실을 알 수 있었다. 이 두 무리 중 한 무리의 관심은 오로지 야훼 신이 지니고 있는 생소하고 낯선 분위기를 쇄신하고 백성들의 숭배를 강화하는 것이었고, 다른 한 편의 관심은 야훼 신에게 이집트로부터의 해방과 지도자 모세의 위대한 형상에 대한 소중한 기억이 사라지지 않게 하는 것이었다. 그리고 이 두 번째 무리는 그 이전의 역사와 그 사람 모세를 현재의 기록에 남기고, 적어도 모세교의 외적인 징표인 할례속을 그대로 유지하며, 새로운 신 야훼의 이름을 사용할 때마다 일정한 정도의 제한을 두는 것을 관철하는 데 성공한다. 앞에서도 언급한 바 있지만 이러한 요구를 한 사람들은 모세 추종자들의 후손들, 즉 레위 지파 사람들로서, 모세의 동시대인이자 동포들과 몇 세대 후의 사람들로서 오직 모세에 대한 기억만으로 그와의 연결고리를 가진 사람들이다. 야훼파 사제들과 후일 그들과 경쟁하였던 엘로힘파 사제들이 썼을 것으로 추정되는, 시적인 표현들로 가득 찬 기록들은 후세 사람들이 알지 못할 모세교의 본질이나 그 위대한 사람 모세가 폭력에 희생된 사건을 비롯한 그 옛날의 사건에 대한 지식을 묘석 아래 영원히 잠들게 하려는 무덤 같아 보인다. 우리가 이 사건의 과정을 제대로 추론하였다면 더 이상 거기에는 비밀스런 것이 없을 것이다. 그러나 이렇게 된다면 그 과정은 유대의 민족사에서 모세 이야기의 뻔한 결말을 의미했을지도 모른다.

특이한 것은 그렇게 일이 진행되지 않았다는 점이며, 또한 유대민족이 겪은 모세 체험의 강한 영향들이 나중에 모습을 드러내고, 몇 세기가 경과한 뒤에 점차 현실로 나타나고 있다는 것이다. 야훼 신의 성격이 인근의 민족 신이나 종족 신들의 성격과 크게 구별되었던 것 같지는 않다. 유대인들이 주변 민족과 싸웠듯이 야훼 신 또한 주변의 신들과 싸웠던 것이 사실이기는 하나, 당시 야훼를 섬긴 사람들이 가나안이나 모압이나 아말렉 등의 존재를 부정한 것만큼 그들이 섬기는 신까지 부정하지는 않았다고 보아야 한다.

아케나톤과 함께 불붙었던 유일신교 이념은 다시 빛을 잃고 한 세월 동안 어둠 속에 묻혀 있었다. 나일강의 제1폭포 바로 앞에 있는 엘레판티네 섬에서 출토된 유물은 우리에게 놀라운 사실을 보여 준다. 거기에 수 세기 동안이나 주둔한 유대인 군대의 식민지가 있었다는 것인데, 이들의 신전에는 주신 야후 옆에 두 여신이 있었고 그 중의 하나는 이름이 아나트-야후였다. 이들 유대인들은 물론 모국과 단절되어 있었고 따라서 모국에서 진행되던 종교적 발전에 참여하지 못했다. 페르시아 제국 정부가 (기원전 5세기) 예루살렘에서 발전한 새로운 전례典禮를 이 유대인들에게 전하였다.[6] 이전 시대로 거슬러 올라가면 야훼 신은 모세 신과 닮은 데가 없었을 것이다. 아톤 신은 지상의 대리인, 실제로 그의 모범이었던 파라오 아케나톤과 마찬가지로 평화주

---

6) 아우어바흐, 『광야와 약속의 땅』, 제2권, 1936.

자였다. 아케나톤은 선왕들에 의해 성립된 제국이 붕괴되고 있는 것을 바라보고만 있었다. 따라서 폭력으로 새로운 땅을 탈취하려는 민족에게는 분명 야훼가 더 적절한 신으로 보였을 것이다. 모세 신에게 바쳐진 찬양의 모든 것이 원시적 대중의 이해에는 전혀 미치지 못했다.

나는 이미 ― 이 문제에 관한 한 기꺼이 다른 학자들의 주장과 일치를 보았지만 ― 유대 종교 발전의 중심적 사건은, 야훼 신이 시간이 흐르면서 그 본질적인 특징을 잃고 모세의 신, 즉 아톤과 점점 더 유사해지는 과정이라고 말하였다. 일견 아주 커 보이는 차이가 있는 것은 사실이나 이것은 쉽게 해명이 가능하다. 이집트에서 아톤은, 자신의 소유가 확보되는 행복한 시기에 주도적인 신이었다. 제국이 흔들리기 시작한 시대에도 그 신의 숭배자들은 그것을 외면하고 꾸준하게 그의 창조물들을 찬양하고 향유했다.

유대민족은 운명적으로 일련의 가혹한 시련과 고통스러운 경험을 체험해야 했다. 이들의 신은 엄하고, 무자비하고, 침울해졌다. 유대인의 신은 모든 나라와 민족을 지배하는 보편적인 신의 특성을 그대로 유지하였다. 그러나 이 신의 숭배가 이집트인들에게서 유대인들에게로 넘어왔다는 사실은 유대인이 바로 선민이고, 유대인들의 특별한 의무가 궁극적으로 특별한 보상을 받는다는 부가조항에서 표출된다. 이 민족이 전능한 신에 의한 선민이라는 믿음을 자기들의 불행한 운명이 지닌 슬픈 경험들과 일치시키는 것은 결코 쉽지 않은 일이었을 것이다. 그러나 그들은 흔들리지 않았고 신에 대한 불신을 억누르기 위해 오히려 죄의식을 강화했다. 그들은 어쩌면 오늘날 독실한 신자들이 말하듯이, 종국적으로 모든 것을 "헤아릴 수 없는 신의 섭리"Gottes unerforschlicher Ratschluss로 돌려 버렸을지도 모르는 일이다. 그들이 항상 새롭게 등장하는 아시리아인, 바빌로니아인, 페르시아인들 같은 침략자들을 만나서 짓밟히고 학대당하면서 놀란 만큼, 그들은 이 모든 사악한 원수들이 결국은 패퇴하고 그들의 제국도 사라지는 것을 보고 여기서 신의 힘을 인식한 것 같다.

세 가지 중요한 점에서 결국 유대인의 신은 그 이전의 모세 신을 닮아 간다. 첫째 결정적인 점은, 이 신이 유일신으로 인정되면서 그 옆에는 어떤 신도 세울 수 없게 된다는 점에서 그렇다. 아케나톤의 유일신 관념은 당시 모든 백성들로부터 진지하게 받아들여졌다. 백성들은 이 관념을 거의 전폭적으로 받아들여 이것을 그들의 정신적인 삶의 주된 내용물로 삼고 다른 것에는 전혀 관심을 보이지 않았다. 이 백성과 그들에게 지배적 위치를 점하고 있던 사제 계급이 이 지점에서 하나가 되었다. 그러나 신을 숭배하는 제사를 강화하는 데 총력을 기울이게 되면서, 사제들은 신에 대한 모세의 두 가지 교리에 생명을 부여하려는 백성들의 강렬한 희망에 역행하는 입장에 처하게 되었다. 신은 의례와 제사를 배격하고 오로지 신에 대한 믿음과 진실과 정의의 삶만을 요구한다고 선지자들은 지치지 않고 외쳤다. 선지자들이 광야에서 소박한 삶과 성스러움을 찬양했다는 것은 그들이 오로지 모세의 이상이라는 영향권 안에만 있었다는 뜻이다.

이제 이런 의문이 제기될 시점이다. 그것은 유대인의 신神 사상이 완성되는 데 모세가 영향을 미쳤는가, 아니면 수 세기에 이르는 문화생활의 과정에서 고도의 영성으로 자연발생적인 발전이 있었다고 생각하는 것으로 충분한가 하는 의문을 제기하는 것이 반드시 필요한가

하는 것이다. 우리들이 제기한 수수께끼 같은 질문에 해결책을 제시한 이 가능성들에는 두 가지 말할 것이 있다. 비슷한 상황에서 신에 대한 사상에 관한 한 분명 가장 뛰어난 재능을 가진 그리스인들조차 유일신교를 선택하는 대신 다신교로의 이완적인 행보를 취하였고 철학적 사유의 출발점으로 삼았다. 주지하다시피 이집트에서의 유일신교는 제국주의의 부수적 효과로 이루어진 것이다. 말하자면 신은 광대한 세계 제국의 절대적인 통치자였던 파라오를 그대로 반영하는 존재였던 것이다. 유대인의 경우는 배타적인 민족 신의 사상에서 보편적 세계지배자 사상으로 전개하려는 데 있어서 정치적 상황이 용이하지가 않았다. 그럼 도대체 이 조그마하고 힘도 없는 나라가 위대한 주의 선민이라는 만용을 주장한 이유는 어디에서 온 것일까? 유대인의 유일신교의 발생은 아직 해명되지 않은 문제로 남아 있을 수밖에 없다. 아니면 우리는 유대인이 종교적으로 천재적 재능을 타고난 특별한 민족이라는 평범한 답으로 만족해야 할지도 모른다. 그러나 천재란 알다시피 파악할 수도 없고 무책임하다. 따라서 다른 모든 해결책이 실패로 돌아가기까지는 섣불리 설명을 하려고 해서도 안 될 것 같다.[7]

여기에 덧붙여서 또 한 가지 주목할 만한 것이 있다. 그것은 유대인의 전승과 역사기술은 우리에게 아무런 논란의 여지 없이 단호하게, 유일신 사상이 모세에 의해 유대백성에게 전해졌다고 말하고 있다는 점이다. 이 확신에 대해 이의가 제기된다면 그것은 우리가 사용하고

---

7) 이런 논리는 스트랫퍼드에서 온 윌리엄 셰익스피어(William Shakespeare)라고 하는 주목할 만한 인물에 대해서도 같이 적용된다고 하겠다. [옮긴이] 프로이트는 셰익스피어를 옥스퍼드 백작 에드워드 드 비어(Edward de Vere, 17th Earl of Oxford)의 필명으로 보았다.

있는 원전의 지나치게 많은 부분이 모세에게서 유래했다고 보는 사제들의 수정본이다. 가령 전례규칙 같은 제도는 뒷날에 만들어지는 것이 분명한데도 거기에 어떤 권위를 부여하고자 모세의 계명에서 유래한 것이라고 주장하고 있다. 이러한 주장은 우리에게 의심의 여지를 남기기는 하지만 그렇다고 비난할 정도는 아니다. 그런 과장의 심층적 동기는 분명하다. 이 사제본의 기술은 자기네들이 살던 시대와, 모세가 살던 옛 시대 사이의 연속성을 창출하려는 것이다. 다시 말하면 이 기술은 우리가 지금까지 서술해 온 유대 종교사의 이상한 사건, 다시 말해서 율법의 제정자 모세와 훗날의 유대교 사이에, 처음에는 야훼 신을 섬기는 것으로 메워졌다가 후에 차츰 삭제된 틈이 있다는 것을 부정하기 위함이다. 성서에 남아 있는 특별한 흔적들에서 찾을 수 있는 무수한 증거들이 남아 있는 것으로 보아, 역사적 정확성이 의심의 여지 없이 굳건한데도 사제본의 주장은 모든 수단을 동원하여 이 왜곡의 과정을 부정한다. 사제들의 수정본도 여기서 새로운 신 야훼를 선조들의 신으로 내세우는 왜곡의 경향과 비슷한 일을 하고 있다. 사제본이 드러내고 있는 이 동기를 고려한다면 실제로 모세가 스스로 유대인에게 유일신교 사상을 주입했다는 주장을 믿는 것도 어렵다. 우리는 유대 사제들이 분명 알 수도 없었던 이 사상이 모세에게 어떻게 왔는지 알기 때문에 모세가 그 일을 했을 것이라고 쉽게 추론할 수 있을 뿐이다.

이 지점에서 유대의 유일신교가 이집트 유일신교에서 나온 것이라고 본다면 우리가 얻는 것이 무엇인가, 하고 묻는 사람도 있을 수 있다. 이것은 우리의 연구에서 벗어난 일이다. 그리고 유일신교 사상의 기원에 대해 우리는 결국 아무것도 알지 못한다. 그에 대한 대답은 이렇다. 이것은 연구의 문제이지 소득의 문제가 아니다. 우리가 유일신교의 행적에 대해 안다면 아마도 무엇인가 배우는 것이 있을 것이다.

## B. 잠복기와 전승

우리는 이제 유일한 하느님의 사상과 주술적 의례의 거부, 그리고 그 하느님의 이름을 건 윤리적 요구의 강조가 모두 실제로는 모세의 가르침이라는 것을 고백하지 않을 수 없다. 그러나 이런 모세의 가르침은 처음에는 어떤 주목도 받지 못하다가 어떤 휴지기가 지난 후에야 그 영향력이 나타나고 급기야 지속적으로 착근되었다. 그렇다면 그 뒤늦은 영향력을 어떻게 설명할 것이며, 이와 유사한 현상은 어디에서 찾을 수 있는가?

우선 떠오르는 생각은 이런 일들을 우리가 다양한 분야에서 자주 만날 수 있다는 것이다. 이런 일들은 다양한 모습으로 나타나겠지만 다소간 쉽게 이해할 수 있는 것들이다. 가령 다윈의 진화론 같은 새로운 과학적 이론의 운명을 예로 들어 보자. 이 학설은 처음에는 완강한 저항에 부닥쳤고 그 후 수십 년간 격렬한 논쟁에 시달렸다. 그러나 이 학설은 한 세대가 채 지나지 않아 진리를 향한 위대한 발걸음으로 인정받게 되었다. 다윈 자신은 웨스트민스터 교회에 묻히고 기념비로 추존되는 영광을 누렸다. 이 경우는 수수께끼같이 풀 이유조차 없다. 새로운 진리는 감정적 저항들을 불러일으킨다. 이 감정적 저항들은 사람들이 좋아하지 않는 이 새로운 학설의 증거들을 깨부수기 위한 논거들로 그 모습을 바꾸고 있을 뿐이다. 한동안 의견의 투쟁이 지속된다. 그리고 처음부터 추종자와 반대자가 있다. 추종자의 수와 비중은 점점 늘어나다가 일정한 시점이 지나면 우위를 점한다. 투쟁이 지속되는 동안에도 사람들은 무엇이 핵심 문제인지는 망각하지 않는다. 그리고 우리는 이러한 과정이 상당한 기간 동안 지속되어도 별로 놀라지 않는다. 그런데 우리는 이 일이 집단심리학의 과정에서도 일어나고 있다는 사실을 제대로 인식하지 못하고 있다.

이러한 과정에 완전하게 상응하는 유추현상을 개개인의 심혼생활에서 발견하는 것은 어렵지 않다. 어떤 사람이 어떤 특정한 증거들을 바탕으로 그것을 새로운 진리로 인정해야 할 경우가 그렇다. 마침 이 새로운 진리가 자기의 소원과는 모순되고 그가 가진 아주 소중한 확신에 모욕적이라고 생각해 보자. 이때부터 이 사람은 망설일 것이며 이 새로운 것을 의심할 구실들을 찾을 것이다. 한동안 자신과 싸울 것이며 마지막에 가서 결국 이렇게 고백할 것이다. 받아들이기 어렵고 그것을 믿어야 한다는 것이 괴롭지만 사실인데 어쩌랴. 우리가 여기에서 알 수 있는 것은 자아의 오성 작업이 강력한 정동情動의 지배로 유지되는 저항을 극복하는 데는 시간이 걸린다는 점이다. 이 사례와 우리가 이해하려고 애쓰는 사례 사이의 유사성이 아주 크지는 않다.

우리가 관심을 두는 다음 사례는 우리가 여기서 거론하는 문제와 공통점이 훨씬 적어 보인다. 어떤 사람이 끔찍한 사고, 가령 열차 충돌 같은 사고를 당한 장소에서 겉보기에 무사히 빠져나간 일이 발생한다고 하자. 이 사람은 몇 주일이 지나면서 그때의 충격, 격동 또는 이와 비슷한 것이 그 원인이 되었다고밖에 볼 수 없는 일련의 심각한 심리적, 운동 신경적 증후를 보이게 된다. 이 사람은 이로써 트라우마 신경증을 갖게 된 것이다. 이것은 그에게 이해하기 어려운, 그러니까 그에게 새로운 사실이다. 우리는 사고가 일어난 때부터 증후가 처음으로 나타나기까지의 기간을 분명한 전염병 병리학 용어에 따라 잠복기 Inkubationszeit라고 일컫는다. 미루어 짐작건대 두 사례, 즉 트라우마 신경증의 문제와 유대인의 유일신교의 문제 사이에는 기본적인 차이가 있음에도 불구하고 하나의 공통점이 있다는 것을 볼 수 있다. 그것은 말하자면 우리가 잠복기라 말하는 그 특성에 있어서의 공통점이다. 우리가 세운 장담할 수 있는 가설에 따르면 유대교의 역사에서는 모세의 종교로부터 탈퇴하고부터 상당한 기간 동안 의례를 경시하고 윤리를 지나치게 강조하는 유일신교 사상의 흔적은 전혀 나타나지 않는다. 이제 우리는 우리의 문제를 이 특수한 심리적 상황에서 해결할 가능성을 얻고자 한다.

앞에서 우리는 이미 후일 유대인이라고 불리게 되는 두 종족이 새로운 종교를 받아들이기 위해 함께 모였을 당시, 카데스에서 무슨 일이 일어났는지 거듭 언급하였다. 이 두 무리의 종족 중 한 종족, 즉 이집트에 산 적이 있는 종족에게는 출애굽과 모세의 모습에 대한 추억이 강렬하고 생생했기에 그들은 과거에 대한 기록에 그것을 담아 줄 것을 요구했다. 이들 중에는 모세를 직접 경험한 사람들의 손자일 경우도 있었을 것이고, 아직도 이집트 사람이라고 느끼고 있어서 이집트 이름을 그대로 가진 사람도 있었을 것이다. 이들은 그들의 지도자이자 율법의 제정자인 모세에게 일어났던 운명에 대한 기억을 억압하려는 충분한 동기를 가지고 있었다. 이와 반대편에 서 있던 종족은 새로운 신에게 영광을 돌리고 이 외래신의 낯선 면을 깨부수기 위한 노력을 게을리하지 않았다. 이 두 종족의 공통된 관심은, 지금 종교와는 다른 종교를 그 전에 갖고 있었다는 것과, 그것이 그 종교의 내용물이었다는 것을 부정하는 것이었다. 이렇게 해서 최초의 타협이 성사되었고 이것은 곧 기록으로 남게 되었을 것이다. 이집트에서 나온 종족들은 기록과 함께 역사기술의 의지도 있었다. 그러나 이것은 역사기술이 확고부동한 진실성을 기초로 한다는 인식이 생기기 오래전의 일이었다. 당시에는 마치 역사기술에 있어서 위조라는 개념이 대두되지 않기라도 한 것처럼, 그 역사기술이 시대의 요구와 목적에 따라 행해지는 것에 대한 양심의 가책도 없었을 것이다. 이런 정황의 결과, 같은 자료라도 문서로 정착된 것과 구두로 전달된 것, 즉 구비전승 사이에는 차이가 있을 수 있었다. 그래서 기록된 문서에는 누락되거나 위조된 것들이 구비전승에서는 고스란히 보존되어 있을 수 있었다. 구비전승은 역사기술의 보완인 동시에 모순이다. 구비전승은 왜곡하려는 의도의 영향을 적게 받을 뿐 아니라 경우에 따라 어떤 것들은 완전히 벗어나는데 이 때문에 문서로 정착된 기록보다도 더 진실할 수도 있다. 그러나 구비전승은 문서보다 불안정하고, 불확실하고, 한 세대에서 다음 세대로 구두로 전해지는 것이어서 이렇게 전해질 때마다 내용이 변하거나 달라질 수 있다는 약점이 있다. 이런 구비전승은 다양한 경우의 상황에 노출될 수 있다. 가장 심각한 경우는 구비전승이 문서에 의해 훼손되거나, 기록된 것과의 경쟁에서 이길 수 없으며, 점점 흐릿해지다가 마침내 망각되는 경우이다. 그러나 모든 구비전승이 다 그런 것은 아니다. 그 중 하나는 구비전승이 마침내 문서로 정착되는 일이다. 그리고 또 다른 경우들에 대해서는 지금부터 검토해 볼 것이다.

우리가 연구하게 될 유대 종교사의 잠복현상은 소위 공적 역사기술에서 의도적으로 부정한 사실들과 내용들이 실제로는 사라지지 않은 채 남아 있다는 설명으로 대신할 수 있다. 그것들에 대한 지식은 민중들에 의해 전승되었다. 젤린의 증언을 통하여 확인했듯이 모세의 최후에 대한 것도 구비전승에 있는데, 이것은 공식적인 기록과는 완전히 모순되나, 진실과는 훨씬 가깝다. 추측건대 이와 같은 것은 모세와 함께 최후를 함께한 많은 것, 즉 당시 다수를 차지하고 있는 사람들에게는 받아들여질 수 없었던 모세교의 많은 내용들에도 적용된다.

그러나 여기서 우리가 맞닥뜨리는 특이한 사실은 이러한 구비전승이 시간이 흐름에 따라 퇴색하기는커녕 수 세기가 지나는 동안 점점 더 강하게 각인되다가 결국 후일 공식 기록의 수정본에 남게 되고 마침내 사람들의 사상과 행동에 결정적인 영향을 미칠 정도가 되었다는 사실이다. 물론 어떤 조건이 이런 결과를 가져왔는지 지금으로서는 알지 못한다.

이 사실은 우리로 하여금 다시 생각해 보는 것이 당연하다는 느낌을 줄 만큼 특이하다. 우리가 풀어야 할 문제가 여기에 결정되어 있다. 유대인들은 모세가 이집트에서 그들에게 가져다준 아톤교를 폐기하고 이웃 종족의 바알신과 다를 것이 별로 없는 새로운 신을 섬기기에 이르렀다. 뒷날 역사가들의 온갖 의도적인 노력도 이 부끄러운 사실을 은폐하는 데는 성공하지 못했다. 그러나 모세의 종교가 흔적도 없이 사라진 것은 아니었다. 희미한 전승이나 왜곡된 전승이라고 할 수 있을, 모세교에 대한 일종의 기억으로 살아남았다. 이 위대한 과거의 구비전승은 배경에서 영향을 발휘해 오면서 점차 정신에 대해 큰 힘을 발휘하고 마침내 야훼를 모세의 신으로 바꾸는 데 성공을 거두게 되고, 결국에 가서는 수 세기 전에 도입하고는 폐기한 모세교를 부활시키는 데 성공하기에 이른다. 사라진 구비전승이 민중의 종교생활에 막강한 영향력을 행사했다는 것이 우리가 쉽게 상상할 수 있는 것은 아니다. 그러나 바로 이곳이 우리가 편안한 마음으로 대할 수 없는 집단 심리학의 영역이다. 우리는 유비를 찾아보기로 한다. 말하자면 적어도 비슷한 본성을 가진 사건들 말이다. 우리는 그런 예를 찾을 수 있을 것이다.

유대인들이 모세교로 회귀할 준비를 하고 있던 시기에 그리스인들은 아주 풍부한 민족 설화와 영웅 신화의 보고를 창조한다. 바로 이 민족 설화와 영웅 신화에서 건져 올린 호메로스Homeros의 서사시 두 편이 쓰인 것은 대체로 기원전 9세기나 8세기로 짐작된다. 오늘날의 심리학적 통찰로 우리는 슐리만Heinrich Schliemann이나 에번스가 나오기 오래전에 이미, 호메로스나 아티카의 위대한 극작가들이 걸작으로 빚어낸 전설의 소재를 그리스인들은 도대체 어디에서 가져왔을까 하는 의문을 제기하게 된다. 이런 의문에 대한 대답은 이렇다. 이들은 선사시대에 화려한 문명과 문화적 번영의 시대를 체험했지만 이 문명과 문화는 역사적 파국과 함께 소멸되고 모호한 구비전승만 이러한 전설 속에 남아 있었다. 오늘날의 고고학적 연구를 통해 이러한 사실은 상당 부분 실증되고 있지만, 당시에는 이런 것이 무모하다고 보았을 것이다. 오늘날의 고고학은 저 찬란한 미노아-미케네 문화의 유물을 발굴했는데, 이는 기원전 1250년에 이미 그리스 본토에서 종언을 고했던 문화였다. 그 후의 그리스 역사가들은 이 문화의 존재를 언급하지 않는다. 다만 크레타인들이 제해권을 장악했다는 것, 미노스 왕과 그 궁성 라비린토스의 이름에 대한 언급이 남아 있을 뿐이다. 이것이 전부이다. 그 외에는 시인들의 영감으로 만들어진 구비전승 외에 남아 있는 것이 아무것도 없다.

다른 민족들, 이를테면 독일인, 인도인, 핀란드인들의 민족서사시도 이제 우리가 알게 되었는데, 이들의 서사시도 그리스 서사시와 그 발생이 같은 조건하에서 이루어졌는지 하는 것은 문학사가들의 과제가 될 것이다. 그러나 나는 그 연구 성과가 내가 예상하는 것과 같을 것으로 본다. 우리가 연구한 구비전승의 조건은 이런 것이다. 선사시대의 어떤 이야기는 바로 다음 시대에 더 풍부한 내용과, 의미와 위대함을 내포하고, 대부분의 경우 영웅 전설로 나타나지만, 곧 이러한 내용은 아득한 옛일로 남아 있다가 그 다음 세대에 모호하고 불완전한 구비전승으로 전해진다. 놀라운 것은 예술형식으로서의 서사시가 그 다음 시대에 소멸하고 없다는 사실이다. 그 이유는 아마도 서사시의 조건이 더 이상 유효하지 않게 되었기 때문일 것이다. 이로써 그 전의 이야기는 변형되고, 그 후에 발생하는 사건들을 작업하는 데는 역사적 기록이 구비전승의 자리를 대신한다. 아무리 위대한 영웅의 행적이라도 우리 시대에는 서사시가 될 만한 영감을 자극하지 못한다. 이미 이런 것은 알렉산드로스 대왕도 자신은 호메로스같이 자신을 위대한 사람으로 만들어 줄 서사 시인을 찾지 못했다고 한탄해야 할 지경이었다.[8]

아득한 옛날은, 인간의 상상력을 자극할 위대하고 때로는 신비한 매력을 갖고 있다. 사람들은 현실의 환경에 만족하지 못할 때마다—이런 일은 자주 있다—과거로 돌아가, 이번에는 황금시대에 대한 영원히 소멸될 줄 모르는 꿈을 진실로 증명해 낼 수 있다는 희망을 갖는다.[9] 인간들은 분명 아직도 유년 시대의 마법에 사로잡혀 무한히 행복한 시절로 기억되는 자기만의 환상의 기억을 되살리곤 한다. 우리가 구비전승이라고 부르는 불완전하고 희미한 기억들만이 과거에 대해 좀 더 많이 말할 수 있는 것이라면 이 기억들은 예술가에게는 아주 매력적인 일이다. 왜냐하면 이 기억의 빈자리들을 예술가가 자유롭게, 상상력이 요구하는 대로 채우고, 자기가 재현하고자 하는 대로 그 시대를 그릴 수 있기 때문이다. 굳이 말하자면 구비전승이 모호할수록 시인은 오히려 더 유용하게 이 기회를 살릴 수 있다. 따라서 우리는 문학에 대한 구비전승의 의미에 대해 놀랄 필요는 없다. 바로 서사시 발생의 제한성이 지니는 이런 유사성으로 인하여 우리는 유대인들에게서 나타난 현상, 즉 야훼 숭배를 과거 모세교로 바뀌게 한 것이 바로 모세에 관한 구비전승이었다는 기이한 가설을 받아들일 수 있다. 하지만 이 두 경우는 현저하게 다른 면모를 가지고 있기도 하다. 그것은 그리스인들의 경우는 그 결과가 서사시이지만 유대인의 경우는 종교라는

---

8) [옮긴이] 알렉산드로스 대왕이 한 번은 아킬레우스의 무덤을 지나게 되었는데 그는 여기서 많은 눈물을 흘렸다고 한다. 그가 눈물을 흘린 것은 영웅적 인물의 죽음을 애도해서가 아니었다. 그가 운 것은 호메로스라는 시인이 있어 아킬레우스의 위대함은 남았지만, 자신의 위대함을 노래해 줄 시인은 없기 때문이었다.

9) 이런 상황을 매콜리(Thomas Babington Macaulay)가 『고대 로마의 노래』(Lays of Ancient Rome)에서 잘 묘사하고 있다. 그는 이 작품에서 음유시인의 역할을 하며 동시대의 정쟁에 식상한 사람들에게, 선조들의 희생정신이나 통일이나 애국심에 대한 노래를 들려준다.

점이다. 종교는 구비전승의 추동 아래 아주 충실하게 재생산되는 데 반하여, 그리스 서사시의 경우 그 반대의 이야기가 보이지 않는다는 점이라고 할 수 있다. 그래서 우리의 문제를 해결하기 위해서는 보다 적절한 유비 현상들을 찾아보아야 할 도리밖에 없다.

## C. 유비

유대인의 종교사에서 드러난 특이한 과정에 대한, 만족할 만한 단 하나의 유비類比를 외견상 아주 동떨어진 영역에서 찾게 된다. 그럼에도 이 유비는 아주 완전하고, 거의 동일성에 가깝다. 여기서 우리는 다시 잠복의 현상, 이해하기 어렵고 설명을 요하는 현상들의 등장, 나중에는 잊히게 될 첫 체험의 조건들을 만나게 된다. 나아가 논리적인 사고의 압박과 함께 심리에 풀무질하는 강박의 특성도 엿볼 수 있다. 그러나 이것은 서사시의 발생과정에서는 고려되지 않는 모습이다.

이 유비는 정신병리학에서 인간의 신경증 발생과정에서 사용하는 말이다. 말하자면 종교 현상들이 집단심리학의 대상이 되는 데 반해 이 유비는 개별심리학의 영역이다. 이 유비가 우리가 당장 생각하는 것처럼 놀라운 것은 아니다. 그렇다. 이 유비는 공준公準, Postulat과 비슷하다고 보면 된다.

전에 체험했던, 그러나 후에 망각한 인상들을 우리는 신경증의 병인으로 큰 의미를 부여하는데 이를 트라우마라고 명명한다. 신경증의 병인을 일반적으로 트라우마적인 것으로 볼 수 있느냐는 문제는 잠시 접어 두기로 한다. 이 문제에 대한 가장 두드러지는 반론은 신경증을 가진 유년기의 체험이 모든 경우에서 트라우마를 보이는 것은 아니라는 점이다. 우리는 이것을 그저 모든 개인이 만나고 그들에 의해 다른 방식, 즉 정상적인 방법이라고 부르는 방식으로 작업되고 처리되는 체험이나 요구에 대한 특별하고도 비정상적인 반응이라고 말하면 무난한 대답이 될 것이다. 이것을 설명하기 위해 유전적, 체질적인 소질 이외의 어떤 이유도 없을 경우, 신경증은 외적인 원인에 의한 것이 아니라 내적으로 발전된 것이라고 말할 유혹을 느끼곤 한다.

그러나 이와 관련해서 두 가지 점을 강조해야 한다. 첫째는 신경증의 발생 원인은 어떤 경우든 아주 오래된 유년기에 얻은 인상들로 환원된다는 점이고,[10] 둘째는 우리가 '트라우마적'이라고 명명하는 사건들이 있다는 말이 옳다는 점이다. 왜냐하면 그 부작용들이 분명 정상적으로 해결되지 않는, 하나의 혹은 여러 개의 강한 유년시절의 인상을 그 원인으로 하고 있고, 그 결과 우리가 그 원인이 없었더라면 신경증에 걸리지 않았을 것이라고 판단할 수도 있기 때문이다. 우리가 추적하는 유비를 트라우마적 사건들에만 제한하여 본다고 해도 우리의 의도는 이로써 충분히 성취되었다고 할 수 있다. 그러나 이 양자 간의 간극을 서로 연결하는 것이 불가능해 보이지는 않는다. 병인으로서의 이 양자의 조건을 하나의 해석으로 통일하는 것도 가능하다. 다만 이때 트라우마적인 것을 어떻게 정의하느냐가 중요하다. 어떤 사람의 체험이 단지 양적인 요인의 결과 트라우마적 성격을 가지게 된다. 그러

---

10) 그래서 사실 누가 이런 유년시절에 대한 연구와 고려를 제외하고 정신분석을 수행한다고 주장하는 것은 무의미한 일이다. 그러나 이런 일이 여러 곳에서 일어나고 있는 것이 현실이다.

니까 모든 경우에 지나친 요구에 대한 마음의 빚이 있다고 해보자. 그리고 이렇게 체험이 이상한 병리적 반응을 야기한다고 가정해 보면 우리는 어떤 체질을 지닌 사람에게는 트라우마로 작용해도 다른 체질을 지닌 사람에게는 그렇지 않다는 간단한 결론에 도달할 수 있다. 여기서 유동적인, 소위 말하는 상보적 계열이라는 개념이 생겨난다.[11] 말하자면 두 개의 인자가 만나 하나의 병인을 만들어 낸다. 이때 한 인자가 적으면 다른 인자가 많아지면서 균형을 잡는다. 일반적으로 이 양자는 공동의 보조를 취하는데 이것이 계열의 양단에서 작용할 때만 단일한 동기가 문제를 발생시킨다. 이런 논리에 따라 트라우마적 병인과 비트라우마적 병인의 구별은 우리가 지향하는 유비에 본질적인 것은 아니므로 그냥 두어도 된다.

중복한다는 느낌이 있지만 우리에게 의미 있는 유비를 포함하는 여러 사실들을 정리하는 것도 필요하다. 그것은 다음과 같은 것들이다. 우리의 연구 결과, 우리는 신경증의 현상들(증후들)이라고 부르는 것은 특정한 경험이나 인상들의 결과라는 것, 이런 이유에서 이것이 병인성 트라우마라는 것을 알았다. 이제 우리 앞에는 두 가지 과제가 놓여 있다. 그것은 (1) 이런 체험들의 공통된 특징들, (2) 신경증 증후군의 공통된 특징들을 찾아야 한다. 그렇게 하자면 일정한 도식화를 피할 수 없다.

(1)에 대해. a) 이 모든 트라우마는 5세까지의 유아기에 형성된다.

---

11) [옮긴이] 이에 대한 자세한 설명은 『정신분석강의』, 제22강을 참조하라.

언어능력이 시작되는 시기의 인상들이 특히나 주목을 끌 만큼 뚜렷이 드러난다. 2세부터 4세까지의 기간이 가장 중요한 시기이다. 태어나서 몇 살 때부터 수용성을 보이기 시작하는가는 아직 분명하지 않다. b) 실제 체험들은 원칙적으로 완전히 망각된다. 이 체험들은 나중에 기억할 수 없으며, 이른바 유아기 망각 속으로 흩어진다. 이것은 대부분 개개의 기억 단편들, 즉 은폐기억에 의해 파괴된다. c) 이런 체험들은 성적, 공격적 성격을 띤 인상들과 관계가 있고, 유아기의 자아의 손상, 즉 자기애적 상처들과도 무관치 않다. 이렇게 보면 어린아이들에게서는 나중에 어른이 되었을 때와는 달리 성적인 행위와 공격적인 행위가 뚜렷하게 구분되지 않는다는 것을 주목해야 한다(성적 행동을 가학적으로 잘못 보는 것도 마찬가지다). 이때 물론 성적인 동기의 우위가 훨씬 눈에 띈다. 이에 대해서는 이론적인 설명이 필요하다.

이 세 가지 점은——태어난 지 5년 이내의 유년기에 트라우마가 일어난다는 사실, 망각, 성-공격적 내용——서로 밀접하게 관련된다. 트라우마란 자기 자신의 신체에 가해진 체험이거나 아니면 대부분 보거나 들은 것, 말하자면 체험이나 인상의 형태를 취하는 감각들이다. 이 세 가지 점의 연관성은 이론을 통해 확립되어야 하는데 그것이 바로 정신분석의 업적이다. 정신분석은 오로지 망각된 체험들이 무엇인지를 밝혀내고, 분명하게 표현하든 부정확하게 표현하든 이를 회상기억으로 되돌릴 수 있다. 정신분석은 다음과 같이 가르친다. 우리가 일반적으로 말하는 것과는 정반대로 인간의 성생활은——혹은 뒤에 이어지는 성생활과는 달리——5세에 끝나는 초기의 개화 후에 바로 잠복기가——사춘기까지——이어지는데, 이 잠복기에 성생활은 어떤 발전도 보이지 않고 시간이 지남에 따라 오히려 도달한 것에서 후퇴한다. 이 이론은 내부 생식기 발달의 해부학적 연구를 통해서도 확인되고 있다. 이 이론에 따르면 인간은 5세에 성적 성숙기를 맞는 동물의 종속에서 기원하는 것으로 추정되고, 이때부터 성생활이 지체되고 있다가 두 번째로 다시 시작하는 것은 동물에서 인간으로의 진화와 밀접한 관계가 있다. 인간은 이 같은 잠복기와 성적 발현의 지연을 보이는 유일한 동물임에 틀림없다. 내가 아는 한 아직 연구되지 않은 영장류에 관한 연구가 이 이론을 분명하게 해줄 것이다. 유아기 망각의 기간이 조기 성적 개화와 일치하는 점을 심리학이 무관심하게 내버려 두어서는 안 된다. 아마 이러한 사실은 신경증 유발 가능성에 대한 전제조건이 될지도 모른다. 사실 이 신경증이라는 것은 어떤 의미에서 인간에게 고유한 것이고, 이런 관점에서 우리 신체의 해부를 통하여 명백하게 드러나는 체내의 기관과 마찬가지인 원시의 생존survival으로 보이는 것이다.

(2)에 대해. 신경증 현상의 공통적인 특성 혹은 특수성. 이에 대해서는 두 가지 점이 강조되어야 한다.

a) 트라우마의 작용에는 긍정적 작용과 부정적 작용, 이렇게 두 가지가 있다. 긍정적인 트라우마의 작용이란, 트라우마를 다시 작동시키는, 다시 말해 망각한 체험을 다시 기억해 내려는, 아니면 더 분명히 말해 그것을 현실화하고, 그 체험을 반복하여 다시 체험하려는 노력들을 말한다. 비록 그 체험이 어린 시절 부모와 맺었던 정동의 체험일 뿐이지만, 타인과의 유사한 관계 속에서 그것을 다시 활성화하려는 노력이

다. 우리는 이러한 노력들을 일괄해서 트라우마에의 고착Fixierung과 반복강박Wiederholungszwang이라고 한다. 이러한 노력들은 실제적인 이유, 즉 그 역사적 기원은 망각되었는데도 불구하고 또는 오히려 망각되었기 때문에 더욱, 소위 말하는 정상적 자아에 받아들여져 지속적인 경향성으로 그 자아에 변치 않는 성격으로 남게 된다. 가령 어린 시절에 어머니에게 지나치게 의존하였는데 지금은 그런 사실을 망각한 어떤 남자는 자기가 의존할 만한, 자기를 지켜 주고 자기를 보호해 줄 아내를 찾는 데 평생을 보내게 된다. 유아기에 성적 유혹의 대상이 된 소녀는 그 뒤로도 자신의 성생활에서 계속해서 이와 유사한 성적 공격성을 유발할 가능성이 있다. 신경증 문제에 대한 이러한 통찰을 넘어서서 우리는 일반적인 성격 형성의 과정을 이해하는 것도 가능할 것 같다.

부정적인 반응은 망각한 트라우마들을 절대로 기억하지 않으려 하고, 반복하지 않으려 하는 정반대의 목표를 추구한다. 이러한 반응들을 방어반응Abwehrreaktion이라고 요약해 말할 수 있다. 이 경우에 주된 반응이 바로 회피Vermeidung인데, 이것은 다양한 억제Hemmungen나 공포Phobien로 발전할 수도 있다. 이러한 부정적 반응도 성격의 특징을 결정하는 데 큰 힘을 발휘한다. 이러한 반응도 근본적으로는 긍정적인 반응과 마찬가지로 트라우마에의 고착이다. 다른 점은 반대의 경향을 가진 고착이라는 점이다. 협의의 신경증 증상들은 트라우마에서 발생하는 두 종류의 노력을 통한 타협이다. 이러한 타협이 이루어지기는 하되 어떤 경우에는 한쪽이 우세를 보이는가 하면 다른 경우에는 반대 현상이 나타나기도 한다. 이 반응들의 대립을 통해 다양한 갈등이 생겨나고, 이런 다양한 갈등은 통상의 방법으로는 결론이 나지 않는다.

b) 이러한 모든 현상들, 즉 자아의 증상과 제한과 안정된 성격변화들은 강박적 특성을 보인다. 다시 말해서 심리적 긴장이 큰 경우, 이러한 현상들은 외부적 현실의 요구에 적응하여 논리적 법칙을 따르는 다른 심리적 과정의 조직으로부터 확실하게 독립된 양상을 보인다. 이러한 현상들은 외부 현실의 영향을 받지 않거나 받는다고 해도 많이 받지는 않는다. 뿐만 아니라 외부 현실이나 그 심리적 대체물에는 관심을 표명하지 않기 때문에, 쉽게 이것들과 능동적인 대립관계를 조성하게 된다. 이 현상은 흡사 국가 안의 국가, 혹은 접근 불가능한, 공동 작업이 소용없는 정당과 마찬가지다. 그 반대로 이 정당은 정상적인, 다른 정당을 극복하고 자기에게 봉사하게 하는 데는 성공할 수 있다. 이렇게 되면 외부 현실에 대한 내적, 심리적 현실의 지배가 성공하면서 정신병의 길이 열린다. 거기까지는 가지 않는다 하더라도 이런 상황의 실제적 의미는 과소평가되는 경우가 많다. 신경증에 지배당하는 사람이 받는 삶에서의 억제나 비정상적인 삶의 영위는 인간 사회에서 중요한 요인이다. 우리는 그 속에서 그들 과거의 아주 오래된 부분에 대한 고착의 직접적 표현이 있음을 확인하게 된다.

이제 여기서 유비에 관해 논의할 때 특별히 우리의 관심을 끄는 잠복에 대해 알아보자. 유년기의 트라우마에 바로 신경증 발생이 연결되어 나타날 수 있는데, 소위 유아신경증이라는 것은 방어하려는 노력들로 차 있고 증후군이 형성된다. 이 신경증은 장기간에 걸쳐 지속되고, 실제적 장애를 보이지만, 잠복하고 있어 관찰되지 않을 수도 있다. 유아기 신경증에서는 저항이 우위를 점하고 있다. 어떤 경우든 흉터가 남듯이 자아변형을 그 상처로 남긴다. 유아기 신경증이 중단 없이 성인 신경증으로 바로 이행하는 경우는 아주 드물다. 외견상 장애를 전혀 보이지 않는 기간을 거쳐 성인 신경증으로 이행하는 경우가 더 많다. 말하자면 이 기간은 생리적인 잠복기가 개입함으로써 지지를 받고 이행하는 과정이다. 나중에 가서야 변화가 나타나는데, 이 변화와 함께 모양을 갖춘 신경증이 지연된 트라우마의 작용으로 분명하게 나타난다. 이러한 현상은 사춘기가 시작되는 동시에, 아니면 이보다 한동안 뒤늦게 나타난다. 사춘기의 시작과 동시에 나타나는 것은, 육체적 성숙을 통해 처음에는 방어에 종속되어 있던, 이제는 강화된 충동이 이 갈등과 싸울 준비가 되어 있기 때문이다. 후자의 경우는 이러한 방어를 통해서 생긴 반응과 자아의 변화가 새로운 삶의 과제를 처리하는 데 장애가 되고 있는 것으로 판명되자, 실재하는 외부 세계의 요구와 자아의 요구 사이에 맹렬한 갈등이 생겨나면서, 이 갈등이 방어전투를 통해서 힘겹게 획득한 조직을 유지하려고 하기 때문이다. 트라우마에 대한 최초의 반응과 후일의 발병 사이에서 생기는 신경증 잠복은 전형적인 것으로 인정받고 있다. 뒷날의 발병은 치유의 시도로 볼 수 있다. 다시 말해서, 트라우마의 영향으로 갈가리 찢긴 자아부분을 나머지 부분과 다시 한번 화해시키고, 외부에 대하여 강한 온전함을 과시하려는 노력이라고 볼 수 있다. 그러나 이러한 종류의 노력은, 정신분석의 도움을 받지 않는 한 성공하는 경우가 지극히 드물고, 분석을 받는다고 하더라도 항상 성공하는 것은 아니다. 대개의 경우 이런 노력은 자아의 황폐나 파탄으로 끝나거나, 자아가 유년기에 받은 트라우마의 지배를 당한 부분에 의해 압도당함으로써 끝나는 것이 보통이다.

독자들에게 확신을 주기 위해 다양한 신경증 환자들의 사례를 상세하게 서술할 필요가 있다. 그러나 대상이 지니는 복잡함과 어려움 때문에 이것은 자칫 연구의 성격을 완전히 훼손할 수도 있다. 그러면 이 연구는 신경증 이론으로 바뀌어 버릴 것이고, 그러면 이 논문은 정신분석 연구와 임상을 필생의 목표로 삼은 소수에게만 필요한 논문이 될 것이다. 내가 여기서 지향하고 있는 것은 평범한 독자들로서 위에서 요약해서 보고한 설명을 부분적으로나마 신뢰해 줄 것을 독자에게 요청하는 수밖에 다른 도리가 없다. 따라서 독자들은, 추론의 전제로 독자들에게 제시되는 나의 이론이 옳은 것으로 입증될 경우에만 받아들여도 좋다.

나는 계속해서 지금까지 말한 신경증의 특징들을 분명히 인식하게 하는 사례 하나를 설명하고자 한다. 우리는 이 하나의 사례가 모든 것을 다 설명하리라고 기대해서는 안 되겠고 내용이 유비를 찾아내는 것과 관련되어 있는 우리의 주제와 동떨어져 보인다고 해서 실망할 필요도 없다.

소시민 가정에서 흔하게 볼 수 있듯이 유아기에 부모의 침실에서 같이 잠자리를 한 아이가 정기적으로 부모의 성적인 행위를 접할 기회가 있었고, 말을 채 배우기도 전에 부모의 성행위를 관찰할 기회, 즉 많은 과정들을 보고 그 이상의 소리를 듣는 기회가 있었다. 몽정이 자연스럽게 시작된 직후 발발한 신경증 증상에서 가장 먼저 나타났고, 가장 성가신 증후가 수면 장애였다. 그는 한밤중에 들려오는 소음에 특히 민감했고 밤중에 일단 잠에서 깨면 다시 잠들지 못했다. 이 수면 장애는 글자 그대로 타협 증상이었다. 한편으로는 밤마다 들려오는 소리에 대한 저항의 표현이자, 다른 한편으로는 그런 소음을 다시 듣기 위해서 깨어 있는 상태를 유지하고자 하는 시도였다.

이러한 관찰을 통해 조속한 공격적 남성본능에 이르게 된 아이는 손으로 생식기를 자극하고, 어머니에게 다양한 성적 공격을 시도하기 시작했다. 이 아이는 자신과 아버지를 동일시하고, 아버지 자리에다 자신을 갖다 두었던 것이다. 이런 날이 계속되던 어느 날 어머니는 아이에게 생식기에 손대는 것을 금지시키면서, 다시 거기에 손을 대는 날에는 아버지에게 알리겠다고 아이를 위협했다. 어머니는 아버지가 이 사실을 알면 벌로서 죄악의 씨앗인 생식기를 잘라 버리겠다고 한 것이다. 이 거세 위협이 아이에게 극도로 강력한 트라우마를 만들었다. 그 후 아이는 성적인 행위를 포기했고 성격도 바뀌었다. 그는 아버지와 동일시하는 대신 아버지를 두려워하고 아버지에 대하여 수동적인 자세를 취하는가 하면 이따금씩 못된 짓을 함으로써 아버지의 체벌을 유도하기까지 했는데 이것은 아이에게 성적인 의미를 띠었다. 아이는 이렇게 함으로써 학대받는 어머니와 자신을 동일시하였다. 아이는 한시도 어머니의 사랑 없이는 안 된다는 듯이 나날이 불안하게 어머니에게 의존하였다. 어머니의 사랑은 아버지가 위협하는 거세 위험에 대한 아이의 보호막이었다. 오이디푸스 콤플렉스의 한 변형 같은 이런 상태에서 소년은 잠복기를 보냈는데 그에게 장애는 나타나지 않았다. 소년은 반듯하게 성장했고 학교에서 성적도 좋았다.

이로써 우리는 트라우마의 즉각적인 효과를 추적하고 잠복기의 실재를 확인했다.

그런데 사춘기가 되면서 현저한 신경증이 발생했다. 두 번째로 중요한 증후인, 성 불능 증후가 나타났다. 소년의 생식기가 감각을 상실하였다. 소년은 이제 생식기에 손을 대지 않았고 성적인 목적으로 여자에게 접근하지 않았다. 그의 성행위는 가학적-피학적 환상을 바탕으로 한 심리적 자위에 한정되었는데, 이 환상은 어린 시절 부모에게서 관찰한 성행위와 무관하지 않다는 것을 쉽게 알 수 있다. 사춘기에 생기는 남성성의 충동도 아버지에 대한 분노 섞인 증오와 반발로 변했다. 아버지와의 이 극단적이고, 자기파멸에 이를 정도의 감정적 관계는 자기 인생의 실패와 외부세계와의 갈등을 야기했다. 그는 아버지가 강요한 것이기에 직장에서도 아무것도 이룰 수 없었다. 그는 친구도 사귀지 못했고 상사와도 좋은 관계를 형성하지 못했다.

그는 이런 증상과 무능력에 사로잡힌 상태에서 아버지가 죽고 난 뒤에 아내를 맞게 되자 결국 그가 지닌 존재의 핵심인 성격들이 이제 그대로 드러났다. 그의 주위 사람들은 그의 이런 성격 때문에 그와 교류하기를 힘들어했다. 그는 차츰 이기적이고, 봉건적이고, 잔인한 성격을 보여 주게 되었다. 이런 성격은 다른 사람을 압박하고 그에게 상처를 주는 욕구처럼 보였다. 그것은 그가 마음속으로 그리고 있던 아버지 이미지의 복사본 같은 것이었다. 말하자면 그가 작은 아이로서 성적인 동기에서 걸어갔던, 아버지와 같이 되고 싶은 마음의 부활이었다. 이 이야기에서 우리가 확인하게 되는 것은 억압의 회귀로서, 트라우마의 즉각적인 효과와 잠복현상과 함께 서술한 신경증의 본질적 특징인 것이다.

## D. 적용

초기 트라우마 – 방어 – 잠복 – 신경증의 발발 – 부분적 억압의 회귀, 이것이 바로 우리가 신경증 발달을 위해 세운 공식이다. 이제 독자들은 인류의 삶에서도 개인의 삶에서 일어나는 일과 유사한 일이 일어난다고 생각하는 단계에 이르렀을 것이다. 말하자면 여기에서도 마찬가지로 어떤 결과를 잔존물로 남긴, 성-공격적 내용물의 여러 과정이 있었으리라는 점이다. 이러한 잔존물들은 대부분 내적인 방어에 직면해 망각되었다가, 나중에 긴 잠복기를 거쳐 다시 작용을 하고, 그 구조나 의도에서 신경증 증상과 유사한 여러 현상을 드러낸 것들이다.

우리는 이런 과정들을 추적할 수 있다고 보고, 이런 과정들의 증상과 유사한 결과가 바로 종교적 현상이라는 것을 보여 주고자 한다. 진화론이 등장한 이래, 인류에게 선사 역사가 있었다는 것은 더 이상 의심할 수 없고, 그 선사 역사를 우리가 모르기 때문에, 즉 그것을 망각하였기 때문에 그런 결론을 내는 것은 공준Postulat의 무게감을 갖는다. 아직 살아 있는 트라우마와 망각한 트라우마가 여러 문제에 있어서 인간 가족과 연관을 맺고 있다는 사실을 알게 된 이상, 우리는 이것을 아주 바람직한, 일찍이 알지 못했던, 지금까지 연구의 대상이 된 적 없는 덤으로 환영하지 않을 수 없다.

나는 이런 주장들을 이미 25년 전에 나의 저서 『토템과 터부』(1912)에서 제시한 바 있지만 여기서 다시 한번 반복하고자 한다. 내 주장의 구성은 찰스 다윈의 이론에서 출발하고 앳킨슨J. J. Atkinson의 가설을 수용한다. 나의 주장은 태곳적 원시인들은 작은 규모의 무리로 살았는데, 이들은 각자 막강한 남성의 지배 아래 있었다는 것이다. 이 시기는 정확히 규명할 길이 없는 것으로, 우리가 알고 있는 지질학적 시대도 알 길이 없으며, 분명 그때 인간은 상당히 발전된 언어를 갖지 않은 시기였을 것이다. 내가 구성한 것의 기초적인 것은 내가 묘사하려는 운명이 모든 원시인들, 다시 말해 우리의 모든 조상들이 겪었을 일이라는 것이다.

이 이야기는 아주 대단하게 압축되어 있어서 그것이 마치 한 번만에 일어난 일처럼 보이지만 실제로는 수천 년에 걸쳐, 수도 없이 자주 반복되어 왔다. 강력한 남자는 전 무리의 주인이자 아버지로서 그 권력은 무제한적이었고 그 권력을 폭력적으로 사용했다. 모든 여성들, 다시 말해 자신의 무리 내에 있는 아내들과 딸들, 그리고 경우에 따라서는 다른 무리에서 약탈해 온 모든 여성들은 그의 소유물이었다. 아들들의 삶은 엄하게 제한되었다. 만약 아버지의 질투심을 유발하게 될 경우, 이들은 교살을 당하거나 또는 거세되거나 또는 무리에서 쫓겨났다. 이들 중 한두 사람에게만 기회가 주어질 경우, 조그만 공동체에서 같이 살면서 어디에서 약탈해 온 여자들을 빼앗아와 함께 사는 것이었는데, 그는 이 무리에서 아버지가 차지하는 것과 유사한 지위로 올라갈 수 있었다. 자연스런 근거에서 나오는 얘기지만 막내아들이 예외적인 지위를 누리는 경우가 많았다. 그들은 어머니의 사랑을 통해 보호를 받을 수 있었던 데다, 아버지가 나이를 먹어 세상을 떠나면 그 뒤를 이을 수 있었다. 나이 많은 형들의 배제와 나이 어린 아들들의 등장을 보고 우리는 전설이나 동화를 보고 있는 듯한 생각을 할 것이다.

이런 종류의 초기 '사회적' 조직의 변화를 향한 최초의 결정적인 발걸음은 추방당하여 공동체를 이루던 형제들이 함께 힘을 모아 아버지를 제압하고, 그 당시 풍습에 따라 아버지를 산 채로 잡아먹는 사건이었을 것이다. 우리는 이러한 식인 풍습을 역겹게 보아서는 안 된다. 그것은 상당한 기간 동안 이어졌기 때문이다. 그러나 본질적인 것은 우리가 현대의 원시인, 즉 우리의 어린아이들에 대한 정신분석의 연구 결과에서 보듯이 유사한 감정적 기저가 있다는 점이다. 주목해야 할 것은 원시인들이 아버지를 증오나 두려움의 대상으로 보았을 뿐 아니라 모범으로 떠받들고, 개개의 아들들이 실제로 아버지 자리에 오르고자 했다는 점이다. 식인 행위는 아버지의 일부를 육화함으로써 아버지와의 동일시를 확보하고자 하는 행위로 이해해야 한다.

우리는 아버지 살해 후 오랜 시간이 지나, 아버지의 유산을 두고 형제들이 서로 자기의 지분을 차지하고자 다투었던 시기가 있었을 것으로 추론할 수 있다. 하지만 이런 싸움이 가져오는 위험과 무의미함에 대한 깨달음, 공동으로 이룩한 독립 쟁취와 추방당해 살고 있을 당시 발생한 감정적 유대에 대한 기억으로 인해 형제들은 연합하게 되고, 일종의 사회계약 같은 것이 탄생하게 된다. 이때 초기의 본능 제약을 담은 사회조직이 탄생하고, 상호 의무의 인정, 어길 수 없도록 (성스럽게) 선언한 특정 제도가 제정되면서 최초의 도덕과 법이 만들어진다. 각자는 어머니와 누이들을 소유하기 위한 아버지의 자리를 차지하려는 이상을 포기한다. 이것이 근친상간의 터부와 족외혼속의 법이다. 아버지가 제거되면서 공백이 된 절대 권력의 상당 부분이 여자들 쪽으로 넘어간다. 이때부터 모권사회가 등장한 것이다. '형제동맹' 시대에도 아버지에 대한 추념은 그대로 이어진다. 이때 힘이 센 동물, 아마도 처음에는 공포의 대상이기도 했던 동물이 아버지의 대용물로 만들어진다. 그런 선택이 우리에게는 다소 기이하게 보이기도 하지만 인간이 자신과 동물 사이를 구분한 간극이 원시인에게는 없었고, 오늘날의 아이들에게도 없다. 동물에 대한 아이들의 공포증은 그러니까 아버지에 대한 공포증인 것을 알 수 있다. 토템 동물과의 관계에 아버지와의 감정관계의 원천적 분열(양가성)이 고스란히 담겨 있다. 토템은 한편으로 육체적 조상이자 씨족의 수호신으로 숭배되고 존중받아야 하며, 다른 한편으로는 축제를 통하여 토템 동물로 하여금 아버지가 간 길과 같은 운명의 길을 가게 했다. 토템 동물은 모든 씨족들이 함께 죽여 그 고기를 나누어 먹었다(로버트슨 스미스William Robertson Smith에 따른 토템 향연). 이 위대한 축제는 사실 연합한 아들들이 아버지를 이긴 승리의 개선축제였던 것이다.

이런 맥락에서 종교는 어디에 위치하는가? 우리는 토테미즘에서 아버지의 대용물 숭배, 즉 토템 향연에서 보인 양가감정, 기념 축제일의 제정, 어기는 자는 사형으로 처벌하는 금제 —— 나아가 우리는 토테미즘에서, 생각건대 인류 역사에서 최초의 종교 현상을 보게 되고, 처음부터 그것이 사회적 조직이나 도덕적 의무와 밀접한 관계를 맺고 있다는 것을 확인할 수 있다. 종교가 그 뒤로 이룩한 발전에 대해서 우리는 여기서 간단한 개관으로밖에 다룰 수 없다. 종교가 인류의 문화발전과 인간 공동체의 구성에 있어서 일어난 변화와 병행하여 발전했다는 것은 명백하다.

토테미즘의 다음 발전 단계는 숭배 대상의 인간화이다. 동물의 자리에 인간화된 신이 등장한다. 이 인간화된 신은 토템에서 유래한 것을 감추지 않는다. 신은 아직 동물의 형상을 띠거나 아니면 적어도 얼굴만이라도 동물의 형상이거나, 그것도 아니면 토템이 가장 좋아하는 신의 동반자, 그와 떨어질 수 없는 자가 되기도 한다. 그것도 아니면 전설에서 보듯이 신의 바로 이전 단계인 동물을 죽이는 것으로 나타난다. 이런 발전과정의 어느 특정 시점에서 위대한 모성 신이 등장한다. 분명 남성 신보다 먼저 나타났겠지만 오랜 시간 이 신들과 나란히 존재한다. 이런 발전과정에서 대규모의 사회변혁이 일어난다. 모권은 부활한 가부장제 질서가 등장하자 소멸한다. 새로 등장한 아버지들은 물론 원초의 아버지가 가졌던 전능함에는 도달하지 못한다. 이 아버지들은 다수로 이전에 견주어 훨씬 규모가 커진 무리와 공동의 삶을 살아간다. 이들은 다른 이들과 융화를 해야 했고, 사회적 규범으로 인해 제한적으로 살았다. 모성 신은 모권제가 제한된 시대에 권력을 상실한 어머니에 대한 보상으로 생겨났을 가능성이 크다. 남성 신들은 초기에는 위대한 어머니 옆에 앉아 있는 아들의 모습으로 나타난다. 이후 상당한 세월이 흐른 후에야 비로소 아버지 형상의 모습들을 갖추게 된다. 다신교의 이러한 남성 신들은 부권제 시대의 시대상을 반영한다. 이런 남성 신들은 수도 없이 많고, 서로 경쟁하며, 경우에 따라서는 더 높은 신에게 복종을 한다. 결국 다음 단계는 우리가 연구하고 있는 주제, 즉 무제한적 지배권을 지닌 단일한 부성신의 회귀라는 주제로 넘어간다.

이렇게 역사적 개관을 해보았지만 근거가 부족하고, 여러 가지 점에 있어서 확실치 않은 것도 있다는 것을 인정한다. 그러나 만약 원초의 역사 구축을 소설이라고 말하는 사람이 있다면 그는 이 역사 구축에 동원된 풍부함과 증거 능력을 폄하하고 있다. 여기서 전체와 관계를 맺고 있는 과거의 상당 부분, 즉 토테미즘과 남성동맹 같은 것은 이미 역사적으로 증명된 것이다. 그 나머지 부분은 여러 논쟁 과정에서 살아남은 것들이다. 그리스도교 신자들이 상징 형식으로 하느님의 피와 살을 육화하는 성찬식에서 얼마나 충실하게 원초적 토템 향연의 의미와 내용을 반복하는지 나는 그것을 볼 때마다 그런 생각이 든다. 망각된 원초시대의 유산들이 전설이나 동화 속에 고스란히 살아 있어, 아이들의 심혼생활에 대한 정신분석 연구가 예기치 못한 풍부함으로 재료들을 찾아내어 원초시대에 대한 우리 지식의 빈틈을 메꾸어 준다. 그런 의미심장한 아버지 관계를 이해하기 위한 연구로 나는, 아버지가 어쩌면 자기를 잡아먹을지도 모른다고 생각하는 바로 그 동물 공포증을 꼽을 수 있다. 그리고 그 무시무시한 거세공포증을 꼽을 수 있다. 우리 가설의 구축에 확실한 근거로 지지받지 못하는, 근거 없는 동화 같은 것은 아니다.

원초사에 대한 우리의 서술을 온전하게 믿을 만한 것으로 본다면, 종교적 가르침과 의식에는 두 가지 요소가 있다는 것을 알 수 있다. 한편으로는 고대의 가족사와 그 잔재에 대한 고착, 다른 한편으로는 오랜 단절 후의 과거의 재현과 망각의 회귀가 그것이다. 이 두 번째 요소는 우리가 간과한 것이어서 이해하지 못한 것이므로 여기서 하나의 인상적인 예를 통해 입증해 보고자 한다.

특별히 강조할 만한 가치가 있는 것은 망각에서 회귀한 부분은 특별한 힘으로 살아남았고, 인간 무리에게 비교할 수 없을 정도의 영향력을 미치고, 저항할 수 없는 진리를 요구하므로 논리적 요청을 무색하게 만든다. 그것은 불합리하므로 나는 믿는다$^{Credo\ quia\ absurdum}$는 식이다. 이것의 특이한 성격은 마치 정신병자의 망상과 같이 보인다. 우리가 이해해 온 것에 따르면 망상에는 망각한 진실의 일부분이 숨어 있고 이것이 회귀할 때는 왜곡과 오해를 겪지 않으면 안 된다. 망상으로 인해 만들어진 강박적 확신은 이 진실의 핵심에서 덮여 있는 오류를 향해 확산되어 간다. 역사적이라고 부르는 진리에 대한 그런 내용을 우리는 종교의 신앙고백에서도 찾을 수 있다. 이 신앙고백은 분명 정신병적 증후의 성격을 갖고 있기는 하나, 대중적 현상으로 고립의 저주에서 벗어나기 위한 것이다.

만약 우리가 동물 토템에서 일정한 동반자를 거느린 인격적 신으로의 완벽한 변화과정을 제외한다면(기독교 4복음서의 저자들도 각기 이런 동물 상징이 있다),[12] 종교사에서 그 어떤 것도 유대교와 그 연속이라고 볼 수 있는 기독교에서 유일신교의 도입만큼 분명한 것은 없다. 일단 우리가 파라오의 세계 지배를 유일신교 사상의 등장에 대한 동기로 본다면 우리는 이 사상이 그 본토를 떠나 다른 민족에게 넘어가 이 민족에게서 오랜 잠복기를 거친 후에 그들의 것이 되고 귀중한 자산이 되어 선민이라는 자부심을 그들에게 부여하여 이 민족에게서 살아남게 되었다는 것을 알 수 있다. 그것은 바로 보상과 성별$^{聖別}$, 그리고 종국에 가서는 세계 지배에 대한 소망과 연결되는 원초적 아버지의 종교이다. 유대인들이 오래전에 포기한 세계지배에 대한 소망의 환상

---

12) [옮긴이] 「요한 계시록」에 따르면 마가는 사자, 누가는 수소, 요한은 독수리로 그려진다. 마태만 유일하게 인간으로 그려진다.

은 오늘날에도 이 민족의 적들에게서 '시온의 현자들'의 밀계<sup>密計</sup>에 대한 믿음으로 생명을 이어 가고 있다. 이집트에서 가져온 유일신교의 특별한 성격이 유대인들에게 어떤 영향을 미치고, 마법이나 신비의 거부, 영성의 진보의 촉진, 승화의 요구를 통해 유대인의 성격을 어떻게 각인시키게 되었는지, 이 민족이 어떻게 진리의 소유로 축복받은 채, 선민의식에 압도되어 지적인 것을 중요하게 생각하고 윤리적인 것을 강조하기에 이르렀는지, 그리고 마지막으로 어떻게 이 민족의 슬픈 운명과 현실적 절망이 이런 경향을 강화하게 되었는지를 다음 장에서 묘사하려고 한다. 지금은 그 발전과정을 다른 방향으로 살펴보려고 한다.

원초 아버지가 그 역사적 권리를 다시 가질 수 있게 한 것은 큰 진보였으나 그것이 끝일 수는 없었다. 역사 이전 시대의 다른 비극들도 일제히 자기 존재를 드러내려는 움직임이 있었다. 무엇이 이런 과정의 계기가 되었는지 우리는 알 수 없다. 아마도 점점 수면 위로 올라오는 죄의식이 유대민족과, 아마도 당시의 다른 문화민족에 큰 작용을 하여 이것이 억압된 것의 회귀라는 발단이 된 것으로 보인다. 그러다 마침내 유대민족 출신의 한 사람이 정치적-종교적 민중 운동가를 변호하는 과정에서 하나의 동인을 발견하여 그것을 계기로 기독교를 유대교에서 분리하기에 이르렀다. 타르수스 출신인 로마의 유대인 바울<sup>Paulus</sup>은 이러한 죄의 문제에 눈을 돌리면서, 이것이 원초사에서 그 근원을 찾을 수 있다는 것을 제대로 파악했다. 그는 이것을 '원죄'라고 불렀는데, 이것은 신(하느님)에 대한 범죄인 만큼 오로지 죽음을 통해서만 속죄받을 수 있는 것이었다. 원죄와 함께 죽음이 이 땅에 온 것이다. 죽음으로써 갚아야 할 이 범죄는 사실상 나중에 신으로 숭배된 원초 아버지의 살해였다. 그러나 이 범죄는 기억되지 않았고, 그 기억 대신 그 죄의 구속救贖을 위한 환상이 만들어졌고, 그로 인해 이 환상은 구속의 계시(복음)로 받아들이게 되었다. 하느님의 아들이 아무 죄 없이 죽임을 당함으로써 만인의 죄를 한 몸에 지게 되었다. 아버지 살해가 일어났기 때문에 그 죄를 받는 것은 마땅히 아들이어야만 했다. 아마도 이 죄의 구속에 대한 환상은 오리엔트나 그리스 비교秘教의 전승으로부터 영향을 받은 것 같다. 더 근본적인 것은 바울 자신의 기여를 통해 이룩된 것 같다. 바울은 가장 본질적인 의미에서 종교적 천분을 지닌 사람이었다. 그의 영혼 안에는 과거의 어두운 흔적들이 잠복한 채, 보다 더 의식적인 영역으로 관통하여 나갈 준비가 되어 있었다.

구속자가 죄 없이 희생된다는 것은 논리적으로 이해하려는 사람에게 어려움을 주는 명백히 의도적인 왜곡이었다. 왜냐하면 살인행위에 무관한 자가 어떻게 자신의 목숨을 버리는 형식으로 살인자들의 죄를 뒤집어쓸 수 있겠는가? 역사적 사실에서도 그런 모순은 기록된 적이 없었다. 그 '구원자'는 아버지를 살해한 형제동맹의 우두머리, 즉 주모자일 수밖에 없다. 그런 우두머리 모반자나 주모자가 실제로 있었는지 여부는 결정하지 못한 채 그대로 두는 편이 좋을 듯하다. 그런 자가 있었을 가능성은 충분하나 우리가 고려해야 할 것은 형제동맹의 구성원 개개인이 혼자서 그 범행을 저지르고, 예외적 위치를 점하고 포기하려는, 즉 공동체에서 몰락하는 아버지의 위치를 가지려는 소망을 가졌을 것이라는 점이다. 만약 그런 주모자가 없었다면 그리스도는 성취되지도 못한 희망의 환상이 남긴 유산일 뿐이다. 만약 그런 우두머리가 있었다면 그리스도는 그의 후계자이자 그의 화신이다. 이것이 환상인지, 망각한 사실이 회귀한 것인지 상관없이 여기에서는 신적 인간에 대한 상상의 기원이 깃들어 있다. 말하자면 항상 아버지에게 반항하고 어떤 형태로든 아버지를 죽이고 마는 영웅에 대한 상상의 기원 말이다.[13] 드라마에 등장하는 영웅의 '비극적 죄과'도 일반적으로 증명이 불가능한데 그 근거가 바로 여기에 있다. 그리스 극에 등장하는 주인공과 합창대가 각기 반항적인 영웅과 그 형제동맹을 상징하는 것은 분명하다. 중세의 극장이 그리스도 수난극 상연과 함께 다시 시작한 것도 의미 없는 것이 아니다.

신자들이 구세주의 피와 살을 먹는 기독교의 성찬식 의례는 고대의 토템 향연 내용을 반복한다는 것을 우리가 지적한 바 있다. 물론 그것이 사랑의 마음을 담아 숭배를 표현한 것이지 공격적인 의미가 있는 것은 아니지만 말이다. 그럼에도 아버지와의 관계를 지배하는 양가성은 종교적 혁신의 마지막 결과에 분명하게 드러나 있다. 표면적으로는 아버지 하느님과의 화해를 위한다고 하지만 사실 그 의례는 아버지를 왕좌에서 몰아내 마침내 제거하는 데 있다. 유대교는 아버지의 종교였지만 기독교는 아들의 종교가 되었다. 오래된 아버지 하느님이 그리스도, 즉 아들의 뒤로 밀려나고, 그 아들이 원시시대의 모든 아들들이 소망했던 아버지의 자리를 차지한 것이다. 유대교를 계속 지속시킨 바울은 동시에 그것을 파괴했다. 바울이 거둔 성공은 우선 구원의 이념을 통하여 인류에게 죄의식을 환기시킨 것, 나아가 이와 함께 유대인이

---

13) 어니스트 존스(Ernest Jones)는 황소를 죽이는 신 미트라스(Mithras)가 자신의 행위를 기리는 이런 주모자가 될 수 있음을 언급한다. 미트라스 숭배가 초기 기독교와 오랜 싸움을 한 것은 잘 알려진 사실이다.

하느님의 선민의식을, 그 징표인 할례를 포기함으로써 이 새로운 종교를 모든 사람을 포괄하는 보편적인 종교로 만들 수 있었다는 점이다. 바울의 이런 발자취에는 자신의 혁신을 반대한 유대인들에 대한 개인적인 복수심이 작용했을지도 모른다. 그러나 바울의 이러한 혁신을 통하여 옛 아톤교의 특징 중 하나가 재생되면서 하나의 제약을 소멸시킨 것이다. 그것은 바로 아톤교가 새로운 지지자, 즉 유대인으로 넘어가면서 얻었던 바로 그 제약이다.

이 새 종교는 여러 가지 점에서 그 앞의 유대교에 대한 문화적 퇴행을 의미했다. 그것은 마치 수준 낮은 새로운 인간 집단이 다른 집단에 침입하거나 집단으로의 진입이 허락될 때 생기는 현상과 유사하다. 기독교 신앙은 유대교가 이룩한 저 높은 영성Geistigkeit을 유지하지 못했다. 기독교는 엄밀히 말해서 더 이상 일신교가 아니다. 기독교는 주변 민족들로부터 다수의 상징적 의례를 받아들였고, 위대한 어머니-신을 받아들였으며, 비록 종속적 지위를 부여하긴 했지만 다신교의 신성한 특질들을 가볍게 위장한 채 받아들일 여지까지 갖추고 있었다. 더욱이 아톤 종교와 이어지는 모세 종교와는 달리 기독교는 미신, 마법, 신비적 요소의 유입을 배제하지 않았다. 그런데 바로 이러한 요소가 그 뒤 2천 년간에 걸친 기독교의 영성 진보에 심각한 장애가 되었다.

기독교의 승리는 천오백 년이라는 공백을 넘어 더 넓은 무대에서 이루어진 아케나톤 신에 대한 아문 사제들의 새로운 승리였다. 뿐만 아니라 기독교는 종교사에서, 즉 억압의 회귀라는 관점에서 볼 때 인간이 이룬 하나의 진보였다. 이때 이후 유대교 신앙은 어느 정도 화석이 되었다.

유일신교 사상이 어떻게 하필이면 유대인에게 그런 깊은 인상을 남겼고 이 민족이 그 사상을 아주 강인하게 보존하여 왔을까 하는 것을 이해하는 것은 중요하다. 나는 그 이유에 대답하는 것이 가능하다고 생각한다. 운명이 유대민족에게 위대한 아버지 형상인 모세의 인격에 아버지 살해를 반복하게 함으로써, 원초시대의 위업이자 악업이기도 한 아버지 살해와 밀접한 관계를 맺게 하였다. 이것은 신경증 환자에 대한 정신분석치료 중에 종종 볼 수 있는 기억하는 대신 '행동하는'<sup>Agieren</sup> 경우를 통해서도 확인할 수 있다.[14] 유대인들은 모세의 가르침이 가져오는 기억을 떠올리게 하는 자극에 대하여 자기들의 행위를 부정함으로써 반응한다. 유대인들은 이 위대한 아버지를 인정해야 할 때마다 그 자리에 멈추어 버리고, 나중에 바울이 원초 역사를 연결했던 장소로 들어가는 입구를 거부했다. 또 다른 위대한 인물을 폭력적으로 살해한 것이 바울에게는 새로운 종교의 출발점이 되었다는 사실은 우연도 아니고 무관심하게 돌릴 일도 아니다. 한 위대한 사람, 그는 유대 땅에서 소수 추종자들에 의해 하느님의 아들이자 약속된 메시아로 인정된 사람, 모세를 위해 지어진 유아기 이야기의 일부가 넘어간 사람, 그럼에도 불구하고 모세만큼도 잘 알지 못하는 사람, 이 사람이 실제로 복음서에 그려진 그대로 위대한 랍비였는지, 이 사람이 죽었다

---

14) [옮긴이] 프로이트는 「기억하기, 반복하기, 그리고 훈습하기」에서 이렇게 말하고 있다. "… 우리는 환자가 망각하고 억압한 것 중 어떤 것도 기억하지 못하고 그것을 행동으로 시연한다 할 것이다. 그는 그것을 기억으로서가 아니라 행위로서 재현한다. 그는 그것을 반복하지만 당연하게도 자신이 반복하고 있다는 것을 알지 못한다." 프로이트, 『프로이트의 치료기법』, 변학수 옮김, 세창출판사, 2017, 164쪽 참조.

는 사실과 상황들이 이 사람이 획득한 의미에 결정적이었는지 우리는 알지 못한다. 그의 사도가 되었던 바울조차 그를 직접 본 적이 없었다.

전해진 문서의 흔적에서 젤린이 인식한, 이상하게 여겨질 만큼 청년 괴테가 아무런 증거도 없이 받아들이게 된 이 유대인의 모세 살해[15]가 우리가 구축하는 가설의 중요한 일부분이 되는 동시에, 망각한 원초시대의 사건과 일신론적 종교의 형식에서 후일 재건된 것 사이에 중요한 연결고리가 된다.[16] 모세 살해에 대한 후회가 구세주가 다시 와서 자기 백성을 구원하고, 약속한 세계지배를 실현한다는 메시아의 재림 환상에 대한 원동력이 되었다는 것은 참으로 흥미로운 추측인 듯하다. 만약 모세가 이 최초의 구세주라면 그리스도는 모세의 대체자인 동시에 후계자가 된다. 그렇다면 바울은 역사적인 근거를 가지고 사람들에게 이렇게 외칠 수 있었을 것이다. 보라, 구세주가 참으로 오셨다. 그런데 그분은 너희들의 눈앞에서 죽임을 당하셨다! 그렇다면 그리스도는 원시 무리의 원초 아버지가 돌아온 것이기에 그리스도의 부활에도 일말의 역사적 진실이 변용되어 아버지의 자리에 아들로 위치해 있을 것이다.

이미 익숙해진 완고함으로 아버지를 살해한 사실을 계속 부정해온 불쌍한 유대민족은 세월의 흐름 속에서 힘겹게 그 무거운 죗값을 치르게 되었다. 그들에게는 항상 비난이 쇄도했다. 너희들은 우리의

---

15) 괴테, 「광야의 이스라엘」(Israel in der Wüste), 『서동시집』(西東詩集, West-östlicher Divan), 바이마르판 제7권, 170쪽.
16) 이 주제에 대해서는 프레이저의 『황금가지』(The Golden Bough), 제3부 '죽어가는 신'(The Dying God)의 유명한 논의를 참조할 것.

하느님을 죽였다. 사람들이 옳게만 번역한다면 이 비난은 옳다. 종교사와 관련하여 보면 이렇게 번역할 수 있다. 너희는 너희가 하느님(하느님의 원초의 모습, 원초의 아버지, 그리고 후일 등장한 그의 화신)을 죽였다는 사실을 인정하지 않는다. 그 뒤에 다음과 같은 말이 따라온다. 우리도 물론 같은 짓을 저질렀지만 우리는 그것을 시인했고 그 후 죄사함을 받았다.

반유대주의가 유대민족의 후손을 박해할 때 사용하는 모든 비난들이 이런 정당화를 핑계 댈 수 있는 것은 아니다. 다른 민족이 유대인을 지속적으로 격렬하게 증오하는 현상의 배후에는 이런 이유 말고도 물론 많은 것들이 있다. 수많은 이유들을 댈 수 있는데, 그 중에 많은 것은 구태여 설명이 필요하지 않은 현실적인 이유가 있는가 하면, 또 다른 것들은 우리 눈에 보이지 않는 보다 뿌리 깊은 근원에서 유래하는 특수한 동기라고 말할 수밖에 없는 이유들도 있다. 전자의 경우, 유대인이 이질적인 사람이기 때문에 비난을 받는다고 한다면 이는 가장 근거 없는 이야기이다. 그 이유는 오늘날 반유대주의가 지배적인 많은 지역의 경우, 유대인은 그런 지역에서 가장 오랫동안 살아온 민족이기 때문이다. 심지어는 현재의 주민들이 그 지역으로 들어오기 전부터 유대인들이 살았던 지역도 있다. 가령 쾰른이 그렇다. 유대인은 로마인들과 함께 쾰른으로 들어왔다. 이것은 게르만족이 이 도시에 정주하기 훨씬 오래전의 일이다. 유대인을 증오하는 이 밖의 근거는 이방인과 관련된 문제보다 훨씬 강력하다. 가령 유대인이 소수민족으로서 다른 민족 사이에서 살고 있는 점이 그렇다. 이 경우 이 민족은 집단의 연대감을 고취시키고 이것을 완성하기 위해서 이질적인 소수민족에 대한 적의를 부추김으로써 수적으로 열세인 이 국외적 소수를 탄압한다.

그러나 무엇보다 유대인에게 용서될 수 없는 두 가지 특징이 있다. 첫째는 이들이 많은 점에서 '주인민족'과는 다르다는 점이다. 그렇다고 해서 근본적으로 다른 것은 아니다. 유대인은 그들의 적이 주장하는 것처럼 인종적으로 판이하게 다른 아시아인도 아니다. 유대인은 지중해 연안의 유민들로 구성되어 있고 지중해 문화를 계승한 민족이기도 하다. 그러나 이들은 무어라고 정의하기 어렵지만 하여튼 다르다. 특히 북방민족과는 판이하게 다르다. 그런데 참으로 이상한 일은 한 무리에 대한 불관용은 근본적으로 다를 때보다 오히려 조금 다를 때 더 격렬하게 표현된다. 그런데 두 번째 원인은 증오의 효과를 한층 더 강화시킨다. 그것은 이들이 모든 종류의 압제를 무시한다는 점, 어떤 박해도 이들을 멸종시키는 데는 성공하지 못했다는 점이다. 그런 압제와 박해 속에서도 영리적 삶에 탁월한 능력을 보이는가 하면 일단 개입이 허용되면 문화적 성과에 귀중한 능력을 보인다는 점이다.

유대인 증오에 대한 더 깊은 동기들은 먼 과거로 거슬러 올라간다. 이 동기들은 다른 무의식에서 유래한다. 처음에는 독자들에게 이런 동기가 믿어지지 않을 것으로 확신한다. 감히 주장하거니와 자칭 아버지 하느님의 장자요, 총애하는 자식이라는 유대인의 주장에 대한 다른 민족의 질시는 오늘날까지도 극복되지 못한 상태로 남아 있다. 그것은 마치 다른 민족도 믿을 만한 것으로 인정할 정도이다. 게다가 유대인을 다른 민족과 구별해 주는 할례속은 주변 민족에게 어쩐지 불쾌하고 섬뜩한 인상을 주어 왔다. 이 할례속은 거세에 대한 공포를 조장할 뿐 아니라 그로 인해 원초적 과거에 일어났던 망각한 것들을 기억나게 한다. 그리고 이 일련의 동기 중 시대적으로 가장 최근의 동기에 해당하는 것인데, 우리가 잊지 말아야 할 것은 유대인 증오에 앞장서는 민족은 최근의 역사 시대에 들어와 대부분 전쟁의 결과, 강제로 기독교도가 되었다는 점이다. 어쩌면 우리는 그들을 '나쁜 세례를 받은' 기독교도들이라고 불러야 할지 모른다. 기독교의 도색을 걷어 버리면 야만적인 다신교를 섬긴 그들의 조상들과 다를 것이 하나도 없어진다. 이들은 자기네들에게 강제된 새로운 종교에 대한 분노를 극복하지 못하고 이 원한을 기독교를 태동시킨 원천인 유대교에 전이하는 것이다. 복음서가 유대인 사이에 있었던 일, 오로지 유대인 문제만 다루고 있다는 사실은 이러한 분노의 전이를 훨씬 용이하게 만들었다. 그러니까 이들의 유대인 증오는 사실 기독교 증오이기에 우리는 독일의 국가사회주의(나치스) 혁명에서 두 개의 유일신교 사이의 긴밀한 관계가 서로 적대적인 관계를 드러내는 것에 대해 별로 놀랄 것도 없다.

## E. 난점들

아마도 지금까지의 설명으로 우리는 신경증의 발생과정과 종교적 사건 사이의 유비를 구조화하고, 종교적 사건의 생각지도 못한 기원을 설명하는 데 성공했을지도 모르겠다. 개인심리학에서 집단심리학으로의 이행과정에서는 그 성격이나 가치가 서로 다른 두 가지 난점들이 드러난다. 우리는 그 난점들을 지금 다루어 보고자 한다.

첫 번째 난점은 우리가 여기에서 다양한 종교들이 보이는 풍부한 현상학에서 나온 단 하나의 사례만 다루었을 뿐, 다른 사례들에는 관심을 갖지 않았다는 점이다. 저자인 나는 유감스럽게도 이 하나의 사례 이상을 제시할 수 없고, 나의 전문 지식이 풍부하지 못해 이 연구를 완결하기에는 부족했다는 것을 고백하지 않을 수 없다. 내가 제한된 지식이긴 하나 한 가지 덧붙인다면 마호메트교가 유대교를 모방한 것으로 보이는 이상 그 종교의 창설은 내가 보기에는 어쩐지 단순화한 유대교의 반복처럼 보인다는 점이다. 예언자 마호메트는 자신과 자신의 민족을 위하여 유대교를 그대로 받아들이려고 했던 것으로 보인다. 위대하고도 유일한 원초 아버지를 다시 얻음으로써 아라비아인들의 자의식은 극도로 고양되고, 이 고양을 통하여 아라비아인들은 세속적으로 굉장한 성공을 거두지만 바로 이 세속적 성공 속에 힘이 쇠잔하고 말았다. 알라 신은 일찍이 야훼가 그 선민에게 베푼 것 이상으로 자기 선민에게 은혜를 베풀었다. 그러나 이 새로운 종교의 내적 발전은 오래지 않아 그대로 정체된다. 유대인들이 종교의 개조를 죽일 때 얻었던 내면성이 이들에게는 결여되어 있기 때문인 것으로 보인다. 외견상 합리성을 지향하는 모든 동방 종교의 핵심은 조상숭배인데, 이것은 과거의 것을 재구성하는 초기 단계에 머무는 것이다. 이 시대 원초인들에게서 볼 수 있는 최고 존재의 인정이 이들 종교의 유일한 내용물이라고 보는 것이 옳다면, 이것은 종교 발전의 쇠잔함으로밖에 이해할 수 없고, 이 사정은 다른 분야에서 우리가 맞닥뜨리는 무수한 퇴행 신경증과 관련지어 볼 수 있다. 종교와 신경증 모두 다 어째서 발전이 없는지, 두 경우 모두 이해하기 어렵다. 이들 민족들의 개별적 재능, 활동의 방향과 보편적 사회 상황의 방향에 원인이 있다고 보면 좋을 듯하다. 그러나 실제로 나타난 현상의 설명에 만족하고, 성취되지 않은 것은 설명하려고 굳이 애쓰지 않는 것이 정신분석 작업의 좋은 원칙 중 하나라는 점을 말하고자 한다.

개인심리학을 집단심리학으로 전이하는 과정에서 드러나는 두 번째 난점은 이 문제가 원칙적인 성격을 지닌 새로운 문제를 제기한다는 점에서 앞의 난점보다 더 의미심장하다. 우리가 갖는 의문점은 영향력 있는 전승이 어떤 형식으로 민족들의 삶 속에 유지되느냐 하는 의문이다. 이러한 의문은 개인의 경우에는 제기되지 않는다. 그 까닭은 개인의 경우에는 무의식 안에 이미 기억 흔적이 존재하고 있는 것으로 설명되었기 때문이다. 그렇다면 역사적 사례로 되돌아가 보기로 하자. 우리는 이집트에서 돌아온 사람들 사이에 강력한 전승이 남아 있게 된 것은 유대민족이 카데스에서 타협의 기초를 마련할 수 있었기 때문이라고 보았다. 이 경우에는 제기될 문제가 없다. 우리의 가설에 따르면 이 같은 전승은 당시에 생존해 있던 사람들이 문제의 사건을 본 직접적인 참가자의 말이거나, 직접적인 목격자였던 몇 세대 전의 선조들로부터 구전으로 들은 구비전승의 의식적인 기억에 그 바탕을 두고 있다. 하지만 그 뒤 몇 세기 동안에도 전승이 할아버지에서 손자로 이어지는 기본적인 지식을 기초로 하고 있다고 믿을 수 있는가? 이같이 지식을 보존하고 이것을 구전으로 다음 세대에 전한 인물들이 누구였는지 그 전의 경우처럼 분명하게 밝히는 것은 가능하지 않다. 젤린의 주장에 따르면 모세 살해의 전승은 사제들 사이에서는 다 알고 있던 것이고 결국 기록되었고, 그것을 알아차리도록 젤린이 가능하게 했다. 그러나 이 전승은 소수의 특권층만 알고 있었을 뿐, 대중들이 모두 알고 있었던 것은 아니었다. 이것만으로 그 전승이 지닌 영향력을 설명하는 데 충분할까? 소수의 사람들이 알고 있던 이런 지식은 그것을 대중들이 알게 되었을 때 대중들을 오랫동안 사로잡을 수 있는 힘을 가지고 있었을까? 그보다는 오히려 무식한 대중 사이에도 소수 사람들이 알고 있던 것과 비슷한 지식이 존재하다가, 그 지식이 알려질 즈음에 대중이 여기에 호응해서 받아들인 것으로 보는 편이 옳을 듯하다.

원초의 유사한 사건을 우리가 접하다 보면 판단하기가 점점 더 어려워진다. 이미 잘 알려진 특성들을 가진 원초의 아버지가 존재했고, 그 원초의 아버지가 겪었을 운명은 분명 수천 년의 세월이 흐르면서 모두 망각되었다. 마찬가지로 모세의 경우와 같은 어떤 구비전승도 존재한다고 보기 어렵다. 그렇다면 어떤 의미로 하나의 전승을 우리는 고찰할 수 있는가? 그 전승은 어떤 형식으로 존재했다고 우리가 보아야 하는 것일까?

복잡한 정신분석의 지식을 얻고 싶지도 않고 그럴 준비도 되어 있지 않은 독자의 이해를 돕기 위하여 앞으로 전개되는 연구 결과를 미리 알려 주겠다. 나는 이 점에 있어서 개인과 집단 사이에 거의 완벽한 일치가 있고, 집단의 경우에도 과거의 인상은 무의식적 기억 흔적 안에 보존되어 있다고 본다.

개인에게 있어서는 우리가 분명하게 확인할 수 있다. 개인이 초기에 한 경험의 기억 흔적은 그의 내면에, 특수한 심리적 상태로서만 보존된다. 개인은 그 체험에 대해, 억압된 것을 알고 있는 정도로는 항상 알고 있다고 볼 수 있다. 우리는 무엇이 어떻게 망각되고, 시간이 어느 정도 흐른 뒤에 그것이 어떻게 다시 등장할 수 있는지, 정신분석을 통하여 그다지 어렵지 않게 확인할 수 있는 일정한 이론을 확립했다. 이에 따르면 망각된 것은 소멸된 것이 아니라 단지 억압되어 있을 뿐이며, 그 망각된 것의 기억 흔적은 생생한 형태로 존재하지만 단지 리비도 반집중Gegenbesetzung에 의해 고립되어 있을 뿐이다. 이들 기억 흔적은 다른 지적 과정과의 소통이 불가능하며, 무의식적이어서 의식에 접근할 수 없다. 억압되어 있던 것의 일부가 이 과정을 이탈하여 기억에 접근했다가 의식으로 떠오르는 경우가 종종 있다. 그러나 이런 경우에도 이 일부는 다른 것과 어떤 맥락 없이 낯선 물체처럼 고립되어 있다. 상황은 이렇게 전개될 수 있지만 꼭 그렇게 전개될 필요는 없다. 억압은 완벽할 수 있지만 우리가 다루고 있는 사건은 다음과 같이 생각할 수 있다.

이 억압된 것은 의식으로 떠오르려는 추동, 즉 노력을 내재하고 있다. 그리고 그것은 다음의 세 가지 조건하에서 그 목적을 달성한다.

(1) 리비도 반집중의 강도가 타자를, 소위 자아라고 부르는 것을 엄습하는 병적 과정을 통해 약화될 경우이거나, 혹은 통상 수면 상태에서 그렇듯이 이 자아 안에 있는 리비도 집중Objektbesetzung의 에너지가 나누어져 약화될 경우.

(2) 억압된 것에 붙어 있는 충동적인 요소가 특별히 강화되는 경우인데, 이는 사춘기에 일어나는 일과 매우 흡사하다.

(3) 특정 시점에 일어난 최근의 경험에서 억압된 내용물과 너무나도 유사한 인상이나 경험이 개입하여 이 억압된 것을 깨우는 경우.

이렇게 되면 최근의 경험은 억압된 것의 잠재적 에너지에 의해 강화되고, 억압된 것은 최근의 경험 배후에서 그것의 도움으로 영향을 미친다. 이 세 가지 경우 중 한 경우가 아니면 억압된 것은 변하지 않고

순조롭게 의식의 영역으로 진입하지 못한다. 그 대신 스스로 손상되고 마는데, 이는 리비도 반집중에서 솟아오른 완전히 극복되지 않은 저항의 영향 때문이거나, 혹은 적응을 요구하는 새로운 경험의 영향 때문이거나, 아니면 이 두 가지 모두의 영향 때문이다.

어떤 심리의 과정이 의식적인 것이냐 무의식적인 것이냐 하는 구분이 우리에게 하나의 방향을 제시하는 표지이자 발판의 역할을 해왔다. 억압된 것은 무의식적이다. 만약 이 명제의 반대를 허용한다면, 다시 말해서 의식(bw)과 무의식(ubw)[17]의 질적 차이를 자아에 속하는 것과 억압된 것의 차이에 대응시킬 수 있다면, 이런 간소한 도식화가 없을 것이다. 우리의 심혼생활에 이같이 고립되고 무의식적인 것들이 존재한다는 것은 새롭고도 아주 중요한 사실이다. 그러나 사실은 우리가 생각하는 것 이상으로 복잡하다. 억압된 것이 무의식적이라는 것은 사실이지만, 그렇다고 자아에 속한 모든 것이 의식적이라는 말은 더 이상 사실이 아니다. 의식은 심리과정에 단지 일시적으로 부착되는 덧없는 성격의 것이라는 사실을 알아야 한다. 따라서 우리는 연구의 목적에 맞게 '의식적'이라는 말 대신에 '의식이 될 수 있는'이라는 말로 바꾸고 이러한 자질을 '전의식적'(vbw)이라 명명한다. 이렇게 되면 우리는 자아는 근본적으로 전의식적(잠재적으로 의식적)이지만 자아의 몫은 무의식적이라고 할 수 있다.

바로 앞의 이런 논의는 우리가 지금까지 견지해 온 개념들이 심혼

---

17) [옮긴이] bw는 독일어 Bewußtsein, ubw는 Unbewußtsein, vbw는 Vorbewußtsein의 약자이다.

생활의 불분명함 속에서 방향성을 제시하기에 충분하지 못하다는 것을 보여 준다. 여기에서 우리는 다른 구분을 도입해야 하는데 그것은 질적인 구분이 아닌, 유형적인, 그리고 구분에 특별한 가치를 지닌다는 의미에서 동시에 발생적인 구분이다. 이제 우리는 도, 군 같은 행정 단위로 파악하는 심혼생활에서 자아[ch]라고 불리는 지역과 원초아[Es]라고 불리는 지역을 구분하고 있다. 이 자아와 원초아 중에서 원초아가 더 오래된 것이다. 자아는 외부 세계의 영향을 통하여 원초아에서 나무껍질의 켜처럼 발달해 온 것이다. 원초아에서 우리의 모든 원초적 본능이 작동하는데, 원초아의 모든 과정들은 무의식적으로 작동한다. 이미 언급했다시피 자아는 전의식의 영역과 일치한다. 이 자아는 통상 무의식에 남아 있는 부분도 포함하고 있다. 원초아 속의 과정들은 자아를 통제하는 것과는 전혀 다른 진행과 상호작용의 법칙을 따른다. 실제로 우리의 새로운 관점을 도출하고 정당화하는 것은 바로 이 양자 사이의 구별이다.

억압된 것은 원초아가 원인자이기에 원초아와 동일한 기제를 따른다. 다만 그것은 발생의 관점에서만 원초아와 구별된다. 이 구분은 초기에, 다시 말해서 원초아에서 자아가 생겨날 때 이루어진다. 그렇게 되면 원초아의 내용 일부가 자아에 수용되어 전의식의 상태로 올라가지만, 다른 부분은 이 이동에 영향을 받지 않고 실제적 무의식으로 원초아 안에 그대로 남아 있다. 그러나 자아형성의 다음 단계에서 자아 내부의 특정 심리적 인상이나 작용은 방어를 통하여 배제된다. 전의식적인 것의 특성은 이들에서 제거되어 다시 원초아의 구성 성분으로 추락한다. 이것이 말하자면 원초아의 '억압된 것'이다. 두 정신적 영역의 교류에 관한 한, 우리는 원초아의 무의식 작용이 전의식의 수준까지 올라갔다가 자아에 수용되고, 다른 한편 자아 안의 전의식적 내용물은 역방향으로 작용하여 원초아로 추락한다고 생각한다. 나중에 자아에 있는 특별한 구역, 즉 '초자아'가 자아 안에서 구분되어 존재하게 된다는 사실은 지금으로서는 언급하지 않겠다.

이 모든 것은 간단함과는 거리가 먼 것처럼 보인다. 그러나 이러한 정신적 기제를 공간적으로 파악하는 것에 익숙해지면 그 구조를 이해하는 데 큰 어려움이 없을 것으로 보인다. 여기에서 내가 꼭 언급하고 넘어가고 싶은 것은 여기에서 전개한 심리적 국소론은 딱 한 가지 측면에서 두뇌해부학을 건드리고 지나갈 뿐, 실제로는 이 두뇌해부학과는 아무런 관계도 없다는 것이다. 나도 다른 사람과 똑같이 느끼는 것이지만 이런 구조화에 대한 불만은 정신과정의 역동성에 대한 우리의 무지에서 기인하는 것이다. 우리는 의식적인 표상을 전의식적 표상으로부터 구분하고, 이 전의식적 표상을 무의식적 표상으로부터 구분하는 것이 일종의 적응, 아마도 심적 에너지의 다른 배분일 수도 있을 것이라 생각한다. 우리는 리비도 집중이니 리비도 과잉집중이니 하는 말은 사용하지만, 그것을 넘어서면 필요한 지식을 구할 수 없고 필요한 가설의 논문조차 찾아보기 어렵다. 우리는 의식의 현상에 대해서도 이것이 원래는 지각과 관계된 것이라고 말할 수 있다. 통증, 촉감, 청력, 시력 자극의 지각에서 생겨나는 모든 느낌들은 가장 빠르게 의식된다. 사고과정들과 이와 유사한 원초아의 과정들은 그 자체로는 무의식적인 것인데, 이러한 것들은 언어의 경로를 통하여 시각적, 청각적 지각의 기억 잔재와 연결됨으로써 의식의 통로를 찾게 된다. 언어 기능이 없는 동물에게는 이 관계들이 훨씬 더 단순하게 되어 있다.

논의의 출발점이 된 초기 트라우마의 인상들은 전의식의 영역으로 이행하지 않거나 억압을 통하여 재빨리 원초아 상태로 되돌아가게 된다. 그러면 이 인상들의 기억 잔재는 무의식적이 되고 원초아에서 발현된다. 기억 잔재들이 기억 주체의 체험일 경우 우리는 이들이 겪게 되는 차후의 운명을 추적할 수 있을 것이다. 그러나 개인의 심혼생활 안에서 자신이 체험한 것뿐만 아니라 선천적인 내용, 다시 말해 계통 발생적 유래를 지닌 부분들, 즉 태곳적 유산이 활동하고 있을 개연성에 주의를 기울일 경우 문제는 대단히 복잡해진다. 그러면 이 유산이 어디에 있고, 그것은 무엇을 포함하고 있고, 그것들의 증거는 무엇인가 하는 문제가 발생한다.

가장 먼저 떠오르는 확실한 대답은 그 태곳적 유산은 모든 유기체의 고유한 특징처럼 특정한 성향들로 구성되어 있다는 점이다. 이런 성향들이란 일정한 발달 방향을 보이고, 특정 자극이나 인상, 유혹에 대해 일정한 방식으로 반응하는 능력과 경향성을 말한다. 인류의 개개인 사이에는 이런 관점에서 차이가 있다는 것을 경험에서 알 수 있듯이, 태곳적 유산도 이런 차이들을 포함하고 있다. 이러한 차이들은 개인이 지닌 체질적 요인으로 인정할 수밖에 없다. 모든 인간은 어린 시절부터 거의 이와 비슷한 체험을 하기 때문에 그에 대한 반응도 유사하다. 그렇다면 이때 이러한 반응들을 개인적 차이와 함께 태곳적 유산에서 나온 것이라고 할 수 있지 않았겠느냐는 회의론이 제기될 수 있다. 그러나 이러한 회의론은 받아들일 수 없다. 그 이유는 태곳적 유산에 대한 우리의 지식이 이런 유의 사실로 더 풍성해지지 않았기 때문이다.

　　그간 정신분석은 우리가 생각해야 할 몇 가지 결과들을 도출했다. 맨 먼저 언어 상징의 보편성을 꼽을 수 있다. 다른 대상을 통한 한 대상의 상징적 대체는——이것은 행동일 수도 있다——이들에게서 흔히 찾아볼 수 있으며 아주 당연한 것처럼 보인다. 우리는 아이들이 어떻게 그것을 학습했는지 알 수 없을 뿐 아니라 대개의 경우 학습이 불가능하다는 것을 인정하지 않을 수 없다. 여기서 말하고자 하는 핵심은 성인들이 나이가 들어 가면서 완전히 잊어버리는 근원적인 지식이다. 성인도 꿈에서 그와 유사한 상징들을 이용하는 것은 사실이나 정신분석가가 그 꿈을 해석해 주지 않으면 그 상징을 이해하지 못한다. 그리고 해석을 해주어도 이 해석을 기꺼이 믿으려 하지 않는다. 그가 관용어처럼 자주 사용하는 언어에 이 상징이 고정되어 있다는 사실을 알게 된다면 그는 자기에게서 그 진정한 의미가 완전히 사라지고 없다는 사실을 고백하게 된다. 더구나 이 상징은 민족마다 다른, 언어의 차이들을 초월해서 작동한다. 연구결과에 따르면 상징은 편재하는 것이어서 어떤 민족에게든 동일하다. 그런데 여기서 언어 발달이 시작된 시대로부터 유래한 태곳적 유산의 사례가 있지 않겠느냐는 생각이 든다. 하지만 우리는 또다시 다른 설명을 할 필요가 있다. 우리가 여기에서 다루는 문제는 역사적 언어 발달 과정에서 생산되고 그 발달이 개인을 통해 수행될 때마다 반복되었을, 표상과 표상 사이의 사고 관계이다. 그렇다면 이것은 통상 충동소질의 유전과 같은 사고소질의 유전에 대한 사례가 될 수 있을 것이다. 그렇기 때문에 이것은 우리의 문제 해결에 별 도움이 되지 못한다.

정신분석 연구는 또한 지금까지 우리가 생각했던 것 이상의 것들도 깨우쳐 주었다. 우리가 유아기의 트라우마에 대한 반응을 연구할 때마다 이들 반응이 엄밀하게 당사자가 실제로 체험한 것에 제한되어 있지 않고, 어떤 식으로든 그 체험과는 동떨어져 오히려 계통 발생론적 사건들의 전형에 어울리고, 아주 보편적으로 그런 모범의 영향을 통해서만 설명되는 사태를 보고 놀라곤 한다. 신경증 증세가 있는 아이는 오이디푸스 콤플렉스나 거세 콤플렉스를 통해 양친을 대하는 태도에서 이런 반응들을 종종 보이는데, 이런 반응들은 개인적으로는 그 근거를 설명하기 어렵고 계통 발생론적으로, 즉 그 선조들의 체험과의 관련을 통해서만 이해될 수 있다. 내가 여기에 예시하는 자료를 출판하는 일은 충분히 수고할 만한 일이다. 내가 보기에 이 자료가 지니는 증거는 우리의 주제에서 한 걸음 더 나아가 인간의 태곳적 유산이 기질뿐만 아니라 내용, 즉 원초시대의 체험의 기억 흔적도 포함하고 있다고 주장할 수 있을 정도의 충분한 능력을 갖추고 있다. 이를 통해 태곳적 유산의 규모나 의의가 상당한 수준까지 확장될 것이다.

좀 더 면밀하게 생각해 보면 우리가 오랜 기간 동안, 조상들의 체험에 대한 기억 흔적의 유산이 직접적 전달이나 사례를 통한 교육의 영향과는 무관한 것처럼 받아들이는 태도를 취해 온 것을 인정하지 않을 수 없다. 우리가 한 민족에게 볼 수 있는 오래된 전승의 지속과 그 민족성의 형성에 대해서 말할 경우, 그런 유전된 전승 자체를 염두에 둔 것이지 구체적 전달을 통해 이어진 전승을 염두에 둔 것은 아니었다. 아니면 우리는 적어도 이 양자를 구분하지 않았고, 구분하지 않은 태만으로 우리가 어떤 무모한 행동을 했는지 분명하게 지적하지도 않았다. 더구나 우리의 학문적 상황은 후천적인 형질이 다음 세대로 유전한다는 것을 인정하지 않는, 오늘날 생물학의 입장으로 인해 더욱더 어려운 상태가 되었다. 우리가 백번 양보하더라도 생물학의 발전에 이 요인이 그럼에도 불구하고 배제될 수 없다는 것만큼은 분명하다고 하겠다. 양쪽의 경우 모두 똑같은 문제가 제기되고 있는 것은 아니다. 한쪽에서는 파악하기가 쉽지 않은 후천적으로 획득한 형질이 문제가 되고, 다른 한쪽에서는 외적 인상, 즉 파악할 수 있는 것이라고 하는 것에 대한 기억 흔적이 문제가 되고 있기 때문이다. 그러나 우리는 근본적으로 한쪽 없이 다른 한쪽을 상상할 수 없다는 것을 알아야 한다. 태곳적 유산에 기억의 흔적이 지속하고 있다고 가정할 경우, 우리는 개인심리학과 집단심리학 사이에 다리를 놓는 셈이 되고, 그러면 개개 신경증자를 다루는 것처럼 민족을 다룰 수 있을 것이다. 태곳적 유산에 남아 있는 기억 흔적에, 계통 발생론 이론에 기대는 정신분석 연구의 잔재현상 이상의 더 강력한 증거가 존재하지 않는다는 점을 인정한다면, 이 증거만으로도 그 같은 상황이 있었으리라는 공준을 세우기에 충분하다. 그렇지 않다면, 정신분석에서도 집단심리학에서도 우리가 가려던 길로는 한 걸음도 더 전진할 수 없다. 이 시도는 피할 수 없는 무모함이라 할 것이다.

이제 우리는 지금껏 해왔던 것과는 조금 다른 것을 규명해 보려고 한다. 우리는 인간 우위의 관점이 만든 원초시대가 인간과 동물 사이에 만들어 파놓은 깊은 심연을 메우려고 한다. 소위 말하는 동물의 본능들이라는 것이 새로운 삶의 환경에서 그 동물들로 하여금 처음부터 그것이 마치 오래된, 오래전부터 익숙한 것처럼 행동하게 하도록 할 수 있다면, 그래서 이 동물들의 본능적 삶에 대해 일반적인 설명이 가능하다면, 그것은 동물들이 같은 종속種屬의 경험들을 새로운 개체의 존재로 도입했다, 다시 말해 그들의 선조들이 체험을 통해 축적한 기억이 보존되어 있다는 설명일 수밖에 없다. 인간이라는 동물에게도 이같은 원리에 있어서 근본적으로 다를 것이 없다. 비록 그 범위와 내용이 다르다 하더라도 인간에게 고유한 태곳적 유산은 동물의 본능에 상응한다.

이런 논리에 따라 나는 인간들이 —— 그들의 특별한 방식으로 ——언젠가 한 번 원초 아버지를 가졌고 그를 살해했다는 데 대해 조금의 의심도 없다.

이 점에 대해 생기는 두 가지 의문에 대해 답하기로 한다. 첫째는, 어떤 조건하에서 그런 기억이 태곳적 유산에 편입되느냐는 것이고, 둘째는, 어떤 상황에서 그런 태곳적 유산이 활성화되느냐, 다시 말해서 변형되고 왜곡된 모습이긴 하지만, 어떤 경우에 원초아의 무의식 상태에서 의식으로 부상하느냐는 것이다. 첫 번째 문제에는 간단하게 이렇게 대답할 수 있다. 즉, 사건이 중요하거나 자주 되풀이되거나, 혹은 이두 가지 조건 모두이거나일 때이다. 아버지 살해의 경우는 이 두 가지 조건 모두를 충족한다. 두 번째 질문에 대해서는 이렇게 말할 수 있다. 여기에 영향을 미치는 것들은 수없이 많지만 이것을 모두 알고 있다고 볼 필요가 없다. 말하자면 많은 신경증 사례의 진행과 유사하게도 즉자적으로 생기는 것을 생각해 볼 수 있다. 하지만 결정적으로 의미를 띠는 것은 가장 최근의 시점에 실제로 일어난 사건의 반복을 통해 망각한 기억 흔적이 환기되는 경우이다. 모세 살해는 이런 종류의 반복이고, 소위 죄 없는 그리스도의 살해 역시 이와 다르지 않다. 그러니까 이런 사건들이 원인자를 전면에 나타나게 한다. 이것은 마치 유일신교의 탄생에는 이런 사건들이 절대 없어서는 안 될 요인으로 보이게까지 한다. 이 대목에서 한 시인의 잠언이 생각난다.

> 시와 노래 속에서 불멸하는 것은
> 삶 속에서 몰락한 것이다.
> Was unsterblich im Gesang soll leben,
> Muß im Leben untergehen.[18]

마지막으로 심리학적 논박을 불러일으킬 나의 생각을 피력하겠다. 내용 전달에만 기초한 전승은 종교적 현상들에서 볼 수 있는 강박적 특성을 생산하지 못한다. 이런 전승은 외부에서 온 다른 정보처럼 들을 수 있고, 판단할 수 있고, 경우에 따라서는 거부할 수도 있다. 그러나 논리적 사고의 강제로부터 해방되는 특권에 이르지는 못한다. 이 전승은 억압의 운명을 거쳐, 무의식에 머무는 상태를 거쳐야 비로소 의식으로 회귀하여 강력한 효과를 내며 대중을 사로잡을 수 있다. 우리는 이러한 전승의 작용을 그저 놀라움으로, 지금까지 이해하지 못한 채 바라보고만 있을 뿐이었다. 그리고 이러한 판단은 사태가 우리가 서술한 대로, 아니면 적어도 서술한 것과 비슷하게나마 실제로 일어났을 것이라는 믿음을 주기에 충분한 무게감을 지닌다.

---

18) 프리드리히 실러(Friedrich Schiller), 「그리스의 신들」(Die Götter Griechenlands).

# 제2부_ 요약과 반복

이 논문의 아래 부분을 자세한 설명과 사과 없이 독자들의 손에 넘겨 보낼 수 없다. 말하자면 이 부분은 제1부를 충실하게, 경우에 따라서는 표현 그대로를 옮겨 적은 것, 그리고 비판적인 부분은 많이 줄이고, 유대민족의 특별한 성격이 어떻게 발생했는지 하는 문제와 관련되는 논의는 더 늘린 글 이상이 아니기 때문이다. 그런 서술의 방법이 합리적이지도 않을뿐더러 미적美的이지도 않다는 사실을 잘 알고 있다. 나는 스스로가 보아도 이것이 아주 옳지 못하다고 생각한다.

그러면 나는 이 글을 왜 쓰지 않을 수 없었던가? 그에 대한 대답을 찾기가 매우 궁하지는 않으나 고백하기도 쉽지 않다. 나로서는 여러 가지 면에서 상식적이지 않은 이 글의 발생사가 만든 흔적을 지울 수 없었다.

실제로 나는 이 글을 두 번 썼다. 한 번은 몇 년 전 빈에서 썼지만 이 글을 출판할 수 있을 것 같지 않았다. 그래서 나는 이 글을 출판하지 않기로 결심했다. 그러나 이 글은 떠도는 유령처럼 나를 괴롭혔다. 그래서 나는 이 글을 두 편의 독립된 글로 만들어 우리의 잡지 『이마고』에 기고하기로 하는 방법을 찾았다. 한 편은 전체 글의 정신분석적 서막이라고 볼 수 있는 글(「이집트인 모세」)과 그 토대 위에 세운 역사적인 건물(「모세가 이집트인이었다면」)이라는 글이다. 정말로 누군가를 자극하는 내용이자 위험하기까지 한 나머지 부분, 즉 유일신교의 발생과 종교 일반에 대한 견해에 대한 적용을 골자로 하는 글의 발표를 보류했는데, 그때 내 생각으로는 영원히 보류할 수밖에 없다고 생각했다. 그러던 중인 1938년 3월에 뜻밖에도 독일이 오스트리아를 침공했다. 나는 어쩔 수 없이 고향을 떠났지만 동시에 불안으로부터 해방되기도 했다. 사실 나는 내 글의 출간으로 그동안 잘 버텨 왔던 정신분석이 금지되는 분위기를 고조시킬까 하는 불안에 시달리고 있었다. 영국에 도착한 즉시 나는 자제하고 있던 지혜를 세상에 내놓고 싶은 유혹을 견디기 어려웠다. 그래서 나는 이미 출판한 두 편의 글에 맞도록 내글의 제3부를 개작하기 시작했다. 이 작업을 하면서 당연하게도 자료의 부분적인 재편은 불가피했다. 다만 전체 자료 모두를 두 번째 개작에 포함시키지는 못했다. 그렇다고 앞의 모든 자료를 모두 버릴 수도 없었다. 결국 나는 첫 번째로 쓴 전체 글을 하나도 바꾸지 않고 두 번째 원고에 붙이는 방법을 쓰게 되었다. 이로 인해 상당 부분의 반복이 일어나는 불상사가 있게 된 것이다.

그러나 나는 나의 글이 얼마나 바른가 하는 문제를 떠나 내가 다루는 것들이 항상 아주 새롭고 중요하다는 생각으로 위안을 삼고자 한다. 따라서 독자들이 같은 것을 두 번 읽지 않을 수 없게 된 셈이지만 나는 그것이 불행한 일이 되지 않을 것이라 생각한다. 세상에는 한 번

이상 언급해야 할 것들이 있고, 그렇게 자주 말해도 지나치지 않은 것들이 있는 법이다. 하지만 이 경우 대상에 머무는 것인지 그 대상으로 돌아오는 것인지는 독자들의 자유로운 결정에 따를 일이다. 우리가 독자들이 동일한 책에서 같은 주제를 두 번이나 읽도록 그들을 속여서는 안 된다. 이것은 저자의 불충함에서 비롯된 것이기에 비난받아 마땅하다. 유감스럽게도 어떤 저자의 독창적인 능력이라고 하는 것이 항상 그의 의지대로 되는 것은 아니다. 저작이라는 것은 스스로 방향을 정하는 것이어서 때로는 저자의 의지와 상관없이, 때로는 저자에게 낯설게 전개되기도 한다.

## a. 이스라엘 민족

전승한 자료 중에서 우리에게 쓸모 있는 것으로 보이는 것은 받아들이고, 쓸모 없는 것은 배제하고, 그리고 이 개개의 것들을 심리학적 개연성에 따라 합성하는 우리의 처리 방법이, 즉 그와 같은 기법이 진리를 찾는 데 확실성을 부여하지 못한다는 게 분명하다면, 사람들이 무엇 때문에 도대체 이런 연구를 하느냐고 묻는 것은 당연한 일이다. 그에 대한 대답은 연구 결과에 달려 있다. 만약 우리가 역사적-심리적 연구에 요구되는 엄밀성을 일정 부분 완화시킨다면, 항상 주목을 끌 만했던 문제들, 그리고 아마 최근에 일어난 사건들의 결과 새롭게 관심을 끄는 문제를 조명하는 것도 가능할 것이다. 우리는 고대에 지중해 연안에 살던 민족 중에 이름과 실체 면에서 아직 과거가 그대로 유지되고 있는 민족은 유대민족이 거의 유일한 민족일 뿐이라는 것을 알고 있다. 유대민족은 전례 없는 저항력으로 내부의 재난과 외적의 폭정에 맞서서 독특한 민족성을 발전시켜 온 동시에 다른 민족의 격렬한 반감을 사기도 했다. 어디서 이러한 유대인의 생존능력이 온 것인지, 그들의 민족성이 그들의 역사적 운명과 어떤 관계가 있는지, 그 점에 대해 우리는 기꺼이 많은 것을 알아보고자 한다.

우선 다른 민족과의 관계에서 지배적인 유대인의 민족성에서 출발해 본다. 유대인들이 자기 자신들에 대해 특별히 우월한 생각을 가지고 있고, 자신들을 고귀하고 지위가 높다고 여기며, 다른 민족보다 우월한 민족이라고 믿는 것은 의심할 여지가 없다. 말하자면 이런 생각들은 그들의 수많은 습속들을 통해서도 다른 민족과 구별된다.[19] 동시에 값비싼 물건을 은밀하게 소유하는 예에서 볼 수 있듯이 삶 속에서 특별한 낙관적 세계관, 일종의 낙천주의를 갖고 있다. 경건한 사람들은 그것을 신앙이라고 한다.

우리는 이런 행동의 이유를 알고 있으며, 즉 이들의 비밀스런 보물이 무엇인지 알고 있다. 유대인은 정말로 자신들을 하느님이 선택한 민족이라고 여기고, 하느님과 아주 가까이 있다고 믿는데 이것이 그들의 긍지와 신뢰를 만든다. 믿을 만한 저술에 의하면 유대인들은 이미 헬레니즘 시대에 오늘날의 유대인과 똑같은 행동을 했으며, 그때 이미 오늘날의 유대인의 특성이 완성되었던 것이다. 당시 유대인을 거느리거나 그들과 섞여 살았던 그리스 사람들은 유대인들의 이러한 특성에

---

19) 고대에 아주 자주 쓰이던, 유대인들은 "문둥이들"(마네토Manetho의 『이집트 역사』*Aegyptiaca*를 참조하라)이라는 업신여김은 "유대인들은 우리가 문둥이라도 되는 것처럼 우리와는 거리를 둔다"는 심리투사의 의미를 지니고 있다.

대해 오늘날과 같은 '장삿속 밝은 민족'이라는 식으로 반응했다고 한다. 미루어 생각건대, 유대인들이 자기네들이 우월하다고 믿었던 것만큼이나 그리스인들 역시도 우월하다고 믿었을 것이라 생각해 볼 수 있다. 두려운 아버지로부터 가장 사랑받는 아들은 형제들의 질투심에 대해 이상하게 여길 이유가 없다. 이런 질투심이 어떤 결과를 초래하는지 요셉과 그 형제들에 대한 유대인의 이야기가 아주 잘 보여 준다. 그 후 세계사의 흐름은 유대인의 자만심을 정당화해 주는 것처럼 보였다. 나중에 하느님이 인류를 구원할 메시아와 구원자를 보내고자 했을 때도 그 구세주를 다시 유대민족 중에서 뽑았기 때문이다. 그때 다른 민족들은 이런 생각을 했을 것이다. 그래, 유대인은 옳아, 유대인은 역시 하느님으로부터 선택받은 민족이야, 하고 말했을 것이다. 그러나 그 대신 사태는 다르게 전개되었다. 예수 그리스도에 의한 구속의 역사가 유대인에 대한 증오만을 강화했다. 말하자면 유대인들은 이 구속자를 인정하지 않는 바람에 하느님에 의한 이 두 번째 은총에서 아무런 이득을 보지 못했다.

앞에서 우리가 논의했던 것을 바탕으로 우리는 유대민족에게 이러한, 미래에 결정적인 모습을 각인한 사람이 그 사람 모세였다고 주장할 수 있겠다. 모세는 유대인이야말로 하느님의 선민임을 보증함으로써 유대인의 자부심을 드높이고, 그들에게 신성함을 부여했으며, 다른 민족으로부터 스스로를 분리할 의무를 부과했다. 그것은 다른 민족이 자부심이 결여되었다는 것을 뜻하는 것이 아니다. 오늘날처럼 당시에도 똑같이 모든 나라는 다른 나라들보다 우월하다고 자신한다. 그러나 유대인의 자부심은 모세를 통해 종교적으로 정착되었다. 그것은 종교적 신앙의 일부가 된 것이다. 유대인들은 자기네 신과의 내적인 관계를 통해 신의 위대함의 일부를 획득했다. 우리는 유대인을 선택하여 이집트에서 해방시킨 신의 배후에는 모세라는 인물이 있다는 것, 모세가 신의 위임을 받아 이 일을 행하였기에 우리는 감히 이 유대인들을 창조한 사람은 바로 그 한 사람 모세라고 주장할 수 있는 것이다. 그러므로 유대인들의 끈질긴 생명력도 모세 때문이고, 이 민족이 겪어 왔고 지금도 겪고 있는 타민족의 적개심 또한 모세 때문이다.

## b. 위대한 사람

한 개인이 아주 비범한 능력을 발휘하여, 아무런 관심도 없는 개인과 가족들을 엮어 한 민족을 형성하고, 그 민족에게 결정적 특성을 부여하고, 수천 년간이나 이들의 운명을 결정짓는 것이 어떻게 가능한 일인가? 그런 가정을 한다는 것은 창조 신화나 영웅숭배를 탄생시킨 시대의 사고 양식으로 후퇴한다는 것을 의미하는 것 아닌가? 그런 시대야말로 지배자 혹은 정복자 같은 개별적 인물들의 행위와 운명을 보고하는 것에 만족하던 시대가 아닌가? 근대는 인류사의 획기적 사건들을 감춰진, 보편적인 그리고 인간 외적인 동기들, 이를테면 경제 조건의 가혹한 압박, 섭생법의 변화, 물질이나 도구 사용법의 진보, 인구 증가와 기후변화에 따른 민족이동 같은 데서 찾는 경향이 있다. 이때 개개인들에게는 무리가 추구하는 지향점들의 지도자 혹은 대표자로서의 역할밖에 주어지는 것이 없다. 이런 지향점들은 그 표현을 찾아야만 했고, 그것을 더욱 우연하게도 그 지도자 혹은 대표자의 개인적 특성에서 발견하였다.

이것은 아주 당연한 관점들이다. 그러나 이런 관점들은 우리 사고 기관과 세계의 구조 간에 중대한 모순이 있다는 사실을 인지해야 할 계기가 된다. 이 모순을 우리는 사고를 통하여 파악해야 한다. 개개 사건에 증명 가능한 원인이 하나라도 있다면, 우리의 강박적인 인과의 욕구에 만족감을 줄 것이다. 그러나 우리 밖의 현실은 그렇지가 않고, 개개의 현상은 너무 많은 원인자들이 있는 것처럼 보여서, 여러 가지 복합적 원인들이 수렴되어 생긴 결과로 결론 난다. 사건이 이같이 예견하지 못할 정도로 복잡하다는 것에 놀라, 우리들의 연구는 다른 맥락에 반대하여 한 맥락에 편을 들기도 하고, 포괄적인 관계의 분열로 발생한, 존재하지도 않는 반명제들을 만들어 내기도 한다.[20] 따라서 특정한 사건에 대한 연구가 한 개인의 인격이 위대한 영향을 미쳤다는 것만 증명할 수 있다면, 우리가 이 가설 때문에 저 보편적이고, 비개인적인 요소들이 지니는 의미에 관한 학설을 모욕했다고 양심의 가책을 느낄 필요가 없다. 그것은 근본적으로 두 이론을 위한 공간이다. 유일 신교의 생성과정에 대해 물론 우리는 이미 이야기한 것, 즉 이 발달 과정이 여러 민족들과 한 위대한 제국 사이의 긴밀한 관계 형성과 연관되어 있다는 것 외에 다른 외적인 동기가 없다고 말할 수 있다.

---

20) 그러나 마치 세계가 지극히 복잡해서 누가 어떤 주장을 하든 진리의 일부가 되지 않느냐고 내가 주장하는 것처럼 오해하는데 나는 이를 거부한다. 아니다. 우리의 사고는 현실에서 찾을 수 없는 의존 관계나 인과 관계를 찾아내는 자유를 간직하고 있다. 학문의 안에서든 밖에서든 자유가 얼마든지 향수되는 것으로도 알 수 있듯이 자유라고 하는 이 은물은 아주 높이 평가되어야 한다.

이렇게 해서 우리는 그 '위대한 사람'의 자리를 복합적인 원인의 사슬 혹은 그물망에 마련한다. 하지만 우리가 어떤 조건에서 이 명예로운 이름을 부여하는지 묻는 것이 완전히 무목적적인 일은 아닐 것 같다. 그러나 이 질문에 답하는 것이 그리 쉽지만은 않다는 사실에 우리는 놀라고 말 것이다. 첫 번째 정의, 즉 한 인간이 우리가 높이 평가하는 특성들을 높은 수준으로 소유하고 있을 경우라 해도 이 정의는 여러 가지 점에서 정확하지가 않다. 가령 아름다움, 근육의 힘 같은 것이 아무리 부러워할 것이라 해도 이를 '위대함'이라고 부를 수는 없다. 그렇다면 위대하다고 불릴 수 있는 것의 특질은 정신적인 것, 이를테면 심리적이고 지적인 특징일 것임에 틀림없다. 이 후자의 경우, 특정 분야에서 비범한 능력을 발휘한 사람을 두고 아무 생각 없이 우리가 위대한 사람이라고 부르지 않는다는 점을 생각해 보아야 한다. 우리는 체스의 장인, 혹은 어떤 악기 연주의 거장을 두고, 나아가 뛰어난 예술가나 학자를 위대한 사람이라고 쉽게 부를 수 없다. 이 경우 우리는 이런 사람을 통상 위대한 시인, 화가, 수학자, 또는 물리학자, 다시 말해 이런저런 활동 영역의 창시자라고 부르고는 한다. 하지만 그를 두고 위대한 사람이라는 말은 쓰지 않는다. 우리가 예를 들어 괴테나 레오나르도 다빈치나 베토벤 같은 사람을 위대한 사람이라고 부를 경우, 그것은 그들의 위대한 창작물에 대한 경탄과는 다른 무엇인가가 우리를 움직인다는 것을 알 수 있다. 그러한 사례들이 장애가 되지 않는다면, '위대한 사람'이라는 명칭은 특별히 행동하는 인간, 즉 정복자, 장군, 통치자가 행한 업적의 위대함, 강한 영향력을 가리키는 말일 것이다. 하지만 이러한 설명 또한 동시대는 물론이고 후대에까지 악한 영향을 미친 나쁜 인물에 대한 우리의 단죄로 인해 부정된다. 또한 수많은 위대한 인물들이 성공은커녕 불행 속에서 파멸을 맞는 경우도 있으니, 성공 또한 위대함의 표시로 받아들일 수 없다.

상황이 이렇다 보니 잠정적으로 '위대한 사람'이라는 개념에 대한 하나의 분명한 내용을 찾는다는 것이 무익하다는 결론에 가까운 것 같다. 그렇다면 '위대함'<sup>Größe</sup>이라는 원래 의미에 가까운 것은 어떤 인간적 특성에 대한 고차원적인 확장을 다소 느슨하게 표현하고, 상당 부분 자의적으로 만든 기준이 아닌가 싶다. 또한 우리는 여기서 위대한 사람의 본질보다는 위대한 사람이 무엇으로 그 동시대 사람들에게 영향을 미쳤는가 하는 질문에 대해 더 관심이 많다는 것을 생각해야 한다. 하지만 우리는 이런 연구를 가능한 한 여기서 끝내야 할 것이다. 그렇지 않으면 연구가 우리의 목표에서 자꾸 멀어질 것만 같기 때문이다.

자, 이제 위대한 사람을 그의 인격과 그가 추구하는 이념이라는 두 가지 길을 통해 동시대 사람들에게 영향을 미치는 존재라고 하자. 여기에서 이념이라고 하는 것은 집단의 옛 소원일 수도 있고, 아니면 새로운 소원의 목표를 보여 주는 것일 수 있으며, 그것도 아니면 다른 방법으로 집단을 사로잡을 수 있는 것일 수도 있다. 게다가 —— 이것은 분명 더 근본적인 사건이라고 할 수 있겠는데 —— 오직 인격만 작용할 뿐, 이념은 그저 사소한 역할밖에 못하는 경우가 있다. 위대한 사람이 도대체 왜 그렇게 중요한 것이냐는 질문은 우리 모두 너무나도 잘 알고 있다. 우리는 인간의 집단이면 권위에 대한 강한 욕구가 있다는 것을 알고 있다. 권위란 사람들이 경이로움을 보내고, 그 앞에서 절을 하고, 지배를 받고, 심지어는 경우에 따라 학대를 받아도 괜찮은 어떤 것이다. 우리는 개인의 심리학을 통해 이런 집단의 욕구가 어디에서 유래하는지도 이미 알고 있다. 이것은 모든 인간에게 유년기부터 내재하고 있는, 신화의 주인공이 극복하였다고 칭송받는 아버지에 대한 동경의 표현이다. 이제 우리가 어렴풋하게나마 짐작할 테지만, 우리가 위대한 사람에게 부여하는 모든 특성들은 아버지의 특성들이며 우리가 헛되이 구한 위대한 사람의 본질도 이 일치, 즉 아버지의 본질을 말함이다. 단호한 사고, 강한 의지, 활발한 행위야말로 아버지의 모습에 속하는 것들이다. 그러나 그 무엇보다도 위대한 사람의 특성으로 우리는 자립성, 독립성, 그리고 좌고우면하지 않는, 신에 버금갈 정도의 가차 없음을 꼽을 것이다. 사람들은 이런 위대한 사람을 존경하고 신뢰하지만, 동시에 두려워하지 않을 수 없다. 우리는 그것을 위대하다는 말 자체에서 짐작할 수 있을 것이다. 도대체 유년 시절에 아버지 말고 또 누가 '위대한 사람'일 수 있겠는가!

모세로 인격화하여 강제 노역을 하는 유대인들 앞에 나타나, 그들이 그의 사랑하는 자식들이라는 확신을 준 것은 의심의 여지 없이 강력한 아버지의 모범이었다. 유대인들을 미약하게 보지 않으시고, 그들과 계약을 맺으시며, 자신을 섬기는 한 그들을 보호하겠다고 약속하신 유일하고, 영원하고, 전능한 하느님의 존재가 그들에게 압도적인 영향을 미쳤음이 틀림없다. 그런 유대인들에게 그 사람 모세의 모습과 하느님의 모습을 구별하기란 쉬운 일이 아니었을 것이다. 유대인들은 모세가 자신의 인격의 특성들을 진노와 가차 없음 같은 하느님의 특성에 각인하였기 때문에 거기서 하느님의 모습을 보았다. 그런데 이들이 그들의 이 위대한 사람을 살해했다면 그것은 태곳적에 율법으로 명시한 신의 대리자인 왕에 대한 비행의 반복에 지나지 않는 일이고, 우리 모두 알다시피 이 비행은 이보다 더 오랜 전형까지 거슬러 올라가는 행위이다.[21)]

이렇게 한편으로 우리에게 이 위대한 사람의 모습이 신적인 것으로 변화했다면, 다른 한편 그 아버지조차도 언젠가는 어린아이였다는 것을 생각해 볼 시간이다. 그 사람 모세로 대변되는 위대한 종교적 이념은 우리의 견해에 따르면 모세 자신의 것이 아니다. 모세는 이 이념을 아케나톤 왕으로부터 전수하였다. 더구나 종교 개조로서의 그 위대성이 두말할 것 없이 분명한 아케나톤 역시 그의 어머니를 통해 또는 다른 경로를 통해 ── 근동 혹은 원동에서 ── 그에게 전해진 생각들을 따른 것인지도 모를 일이다.

우리는 사건의 인과를 더 이상 추적할 수 없다. 하지만 우리가 초기의 사건들을 제대로 이해하면, 유일신교 사상이 부메랑처럼 그 발상지로 되돌아올 것이다. 그렇다면 이 새로운 사상을 겨냥한 개인의 업적을 확인하는 작업이 별 도움이 되지 않을 것으로 보인다. 많은 사람들이 분명 이 발전에 함께하고 많은 기여를 했을 것이기 때문이다. 그러나 다른 한편 원인자의 사슬을 모세에게서 끊어 버리고, 그 사상의 후계자이자 전파자인 유대 선지자들의 역할을 부정하는 것은 부당하다. 일신교의 씨앗은 이집트에서는 발아하지 못했다. 만약 유대인이 지키기 힘들고 요구조건이 많은 이 종교를 떨쳐 냈더라면 이스라엘에

---

21) 프레이저, 『황금가지』를 보라.

서도 같은 일이 일어났을지도 모른다. 그러나 유대인들 중에는 사라져가는 전통을 되살리고 모세의 계고와 요구사항을 일신하며 상실한 것을 재건하기까지 지칠 줄 모르고 노력한 사람들이 있었다. 수 세기에 걸친 끈질긴 노력과 바빌로니아 유수를 전후로 하는 두 차례에 걸친 대개혁 끝에 이윽고 민중신 야훼는 모세가 유대인에게 강제한 하느님의 완전한 모습을 갖추게 되었다. 유대인들이 선민이라는 보상과 이에 상당한 다른 특권을 얻기 위해 모세 종교의 짐을 질 준비가 되어 있는 무수한 사람들을 배출했다면, 이것은 유대인이 된 이 집단에서 특별한 심리적 적응력이 있었다는 증거이다.

## c. 영성의 진보

한 민족의 심리에 지속적인 영향을 미치기 위해서는 분명 그들에게 선민이라는 확신을 심어 주는 것만으로는 충분하지 않다. 그들이 그것을 믿고 그 믿음에서 어떤 결과를 도출하도록 만들기 위해서는 어떤 식으로든 그들에게 증명을 해주어야 했다. 모세-종교에서는 출애굽이 바로 이 증거 역할을 했다. 하느님, 혹은 하느님의 이름을 대신한 모세는 지치지 않고 이 은총의 증거를 자기 민족들에게 소환했다. 유월절을 도입하여 이 사건에 대한 기억을 확정했고, 예로부터 전해진 명절은 이 기억의 내용으로 채웠다. 그러나 그것은 어디까지나 기억에 불과했을 뿐, 출애굽은 아득한 과거가 되었다. 현재는 하느님의 은총의 표지들이 점점 희미해지고 백성들의 운명은 오히려 인종忍從에 가까웠다. 원초인들은 신들이 의무를 다하지 않으면, 즉 그들의 승리와 행운과 즐거움을 보장해 주지 않으면 신들을 버리거나 징벌을 내리곤 했다. 어느 시대든 왕들 또한 신들과 다르지 않은 대접을 받았다. 예로부터 신과 왕은 동일한 근원을 갖고 있었다. 근대 이후의 사람들도 전쟁에서의 패배로 땅이나 재화를 잃어버림으로 인하여 통치의 영광이 상실되면 그들의 왕을 추방하곤 하였다. 그런데도 어째서 이스라엘 백성은 항상 학대를 받으면 받을수록 더욱더 하느님에게 복종으로 일관하였던가? 이것이 우리가 현재 궁구해야 할 문제인 것 같다.

이런 문제는 모세-종교가 백성들에게 선민의식을 통한 바로 그 자아감정의 고양을 가져온 것이 아닌가 하는 것을 연구할 동기를 제시하는 것 같다. 그런데 실제로 그런 동기가 바로 보인다. 모세교는 유대인에게 아주 더욱 광대한 신의 개념, 아주 이성적으로 말해 광대하고 광대한 하느님에 대한 사상을 가져온 것이다. 이런 신을 믿는 자는 일정 부분 그의 위대함을 얻게 되고, 스스로 고양된 기분을 가질 것이다. 신앙이 없어 이 같은 현상을 전혀 알지 못할 이들도 반란으로 정정이 불안한, 낯선 나라에 살고 있는 대영제국인의 자부심 같은 것을 통해 쉽게 이해할지도 모른다. 대영제국 국민이 느끼는 이러한 자부심은 대륙의 한 작은 국가 국민은 느낄 수 없는 것이다. 가령 대영제국 국민은 만일에 반란군이 자신의 머리카락 한 올이라도 구부러뜨린다면 자신의 정부가 군함을 보낼 것으로 믿고 있고, 반란군도 이 사실을 잘 알고 있다. 하지만 보낼 약소국은 군함조차 없다. 따라서 대영제국의 위대함에 대한 자부심은 개개 대영제국 국민이 향유하는 광대한 안전과 보호의 의식 속에 그 뿌리가 있다. 광대한 하느님에 대한 사상도 이와 유사할 것이다. 하지만 신에게 세상살이를 도와 달라고 힘들게 요구할 수는 없는 일이므로 신의 위대함에 대한 자부심과 선민의식은 하나로 융합하는 것이다.

모세-종교의 계명 중에는 우리가 알고 있는 것 이상의 의미를 띠고 있는 것이 하나 있다. 그것은 신의 상을 만들지 말라는 금지이다. 그것은 말하자면 눈으로 볼 수 없는 어떤 신을 믿어야 한다는 강제이다. 바로 이 점에서 우리는 모세가 아톤-종교 이상의 엄격함을 요구했다고 추정된다. 모세가 확고하게 지켰던 것은 그의 신이 이름도 얼굴도 없었다는 점이다. 이것은 아마 신의 마법적 오용을 막기 위한 조처였는지도 모른다. 그러나 사람들이 이 금지를 수용하자 엄청난 결과가 야기되었다. 왜냐하면 그것은 감각적 지각이 물러나고 추상적 상상이 그 자리를 대신한다는 것을 의미했기 때문이다. 그것은 감성에 대한 영성의 승리, 엄격하게 말하면 충동의 단념으로 이것은 심리적으로 필연적 결과를 몰고 오게 되었다.

언뜻 들어서는 분명하게 이해 가지 않는 것을 좀 더 믿을 수 있도록 하기 위해, 우리는 인류 문화 발전에서 비슷한 성격을 가진 다른 사건들을 떠올려 볼 수 있다. 이들 사건들 중 가장 초기의 것, 아마 가장 중요한 것이라고 추정되는 이 사건은 원초시대의 암흑기에 태동한다. 그 사건의 엄청난 효력은 우리로 하여금 그렇게 주장하지 않을 수 없게 한다. 어린아이에게서, 성인 신경증자들에게서, 그리고 원초인들에게서 우리는 '사고의 전능'Allmacht der Gedanken에 대한 믿음이라고 규정할 수 있는 정신적 현상과 만나게 된다. 우리의 판단에 따르면 이러한 정신적 현상은, 우리의 심혼적 행위, 여기서는 지적 행위가 외부 세계를 변화시킬 수 있는 영향력을 과대평가하는 것을 말한다. 오늘날 우리들의 기술의 선구자인 모든 마법은 바로 이 전제에 기초한다. 말의 마법도 이 전제에서 나왔고, 어떤 이름을 알고 그 이름을 말하게 하는 것과 결부된 힘에 대한 확신도 바로 이 전제에서 나온 것이다. '사고의 전능'은 언어발달에 대한 인류의 자부심의 표현이라 생각할 수 있다. 이 언어의 발달이 지적 활동의 획기적 조력자가 아니었던가. 이로써 영성의 새로운 제국이 열렸는데, 이 제국에서는 표상들, 기억들, 추리과정들이 척도가 되었는데, 그것은 감각기관의 직접적 지각을 내용으로 하는 저급한 심리적 활동과는 대비된다. 이것이야말로 인간화의 노정에 있는 가장 중요한 단계들 중 하나임에 분명하다.

후대에 나타난 다른 발전과정이 하나 있는데 이는 우리가 훨씬 더 잘 파악할 수 있다. 외적인 동기들의 영향을 받아서, 그것이 부분적으로는 별로 알려져 있지도 않기에 우리가 여기서 다루지는 않지만, 모권제 사회질서가 부권제 사회질서로 이행한 사건이 일어났다. 이와 더불어 당연하게도 지금까지의 법적인 상황이 완전히 뒤집혔다. 이러한 혁명의 여운을 우리는 아이스킬로스의 『오레스테이아』[22]에서도 찾아볼 수 있다. 하지만 모권제 사회질서로부터 부권제 사회질서로의 방향 전환은 그 외에도 감성에 대한 영성의 승리, 즉 문화의 진보를 보여 주는 사건이기도 하다. 그 까닭은 모권이 감각의 증표에 의해 증명될 수 있는 것인 데 비해 부권이란 결론과 전제에 그 바탕을 둔 가설이기 때

---

22) [옮긴이] 아이스킬로스(Aischylos, B.C. 525~B.C. 456)의 3부작으로 '오레스테스 이야기'라는 뜻. 「아가멤논」(Agamemnon), 「제주를 바치는 여인들」(Choephoroi) 그리고 「자비로운 여신들」(Eumenides)의 3부로 구성되어 있다. 세 작품은 차례대로 클리타임네스트라의 아가멤논 살해와 아들 오레스테스의 복수, 아테네에서의 배심원 재판을 다루고 있다.

문이다. 감각적 지각보다는 사고과정의 편을 드는 것이 엄중한 결과를
초래한 발걸음으로 입증되었다.

　앞에서 언급한 두 사건들 사이에 우리가 종교사에서 연구하였던
사건과 가장 비슷한 또 하나의 사건이 있다. 그것은 바로 인간이 정신
적 힘을 보편적으로 인정해야 할 동기를 얻게 된 점이다. 이 힘은 감각
들, 특별히 시각으로는 감지될 수 없지만 의심할 여지 없이 아주 강한
효과를 발휘한다. 우리가 언어의 징표를 따라 그대로 표현해 본다면,
그것은 영성의 원형을 표현하는 공기의 운동이었다. 왜냐하면 정신은
바람숨결animus, spiritus(히브리어로는 ruach, 숨결이란 뜻) 같은 이름들에
서 온 말이기 때문에 그렇다. 이와 더불어 개개인에게 있어서의 정신
적 원칙으로서의 심혼Seele이 발견되었다. 이 관찰은 죽음으로써 중지
하는, 인간의 호흡에 있는 공기의 움직임을 재발견했다. 오늘날에도
죽어가는 사람은 심혼을 내쉬어 버리는 것이다. 그러나 이제 인간에게
정신의 왕국이 열려 있다. 이제 인간은 자기 안에서 발견한 심혼이 자
연의 다른 모든 것에도 깃들어 있다고 보게 된 것이다. 삼라만상에 모
두 심혼이 깃들어 있다. 뒤늦게야 등장한 과학은 겨우 이 세계의 일부
분에서 심혼을 빼내는 데 진력을 다하였으나 오늘날까지도 이 임무를
완수하지 못했다.

　모세의 금지로 인해 하느님은 영성의 더 높은 단계로 고양되었다.
이로써 하느님에 대한 사상을 변화시킬 길이 열렸으니 이에 대해 더
알아보아야 한다. 그러나 우리는 무엇보다도 그 금지의 다른 영향부터
살펴보고자 한다. 그런 모든 영성의 진보들은 개인의 자부심을 고양시
키고 개인이 긍지를 느끼게 하는 성과를 가져왔다. 그래서 이들은 감

각의 마법에 사로잡힌 사람들에 대해 우월감을 느끼기에 이르렀다. 주지하다시피 모세는 유대인에게 선택된 백성이라는 자긍심을 심어 주었다. 하느님을 탈물질화함으로써 이 민족의 비밀스런 보물에 새롭고도 가치 있는 것들을 보태기에 이르렀다. 유대인들은 영성에 대한 관심사를 계속 유지하게 되었다. 나라의 정치적 불행이 유대인들로 하여금 그들이 가진 유일한 보물, 즉 전승된 그들의 문헌을 제대로 평가하는 법을 배운 것이다. 로마 황제 티투스Titus에 의해 예루살렘의 성전이 파괴된 직후 랍비인 요하난 벤 자카이Yohanan ben Zakkai가 야브네에 최초의 율법 학교를 개설해 달라고 탄원했다. 그 이후 산산이 흩어져 있던 민족을 결집시킨 것은 바로 성서와 성서를 중심으로 한 지적 노력이었다.

지금까지 언급한 것은 일반적으로 널리 알려지고 받아들여지는 것들이다. 다만 여기서 나는 유대인의 본질이 하느님을 형상을 만들어 섬기는 것을 금지한 모세의 금지를 통하여 특징적으로 발전하였다는 점을 첨가하고 싶다.

거의 2천 년에 걸쳐 유대인의 삶에서 정신적 노력에 새겨진 우선권이 그 영향력을 발휘한 것은 당연하다. 이 우선권은 육체적 발달이 대중의 이상이 되려고 하던 때 나타난 야만성과 폭력적 경향을 중지시키는 데 조력자가 되었다. 그리스인들이 이룩한 정신활동과 육체활동의 교육에서 얻은 조화가 유대인에게는 없었다. 이런 갈등 속에서 유대인들은 적어도 더 가치 있는 것을 선택하기로 결정하였던 것이다.

## d. 욕동의 단념

영성의 진보, 그리고 감각의 후퇴가 어떻게 개인과 민족의 자의식을 고양하는가 하는 문제는 당연하게 받아들일 수 있는 것도, 즉각적으로 이해할 수 있는 것도 아니다. 이것은 특정 가치 척도나 이것을 다루는 어떤 다른 개인이나 기관의 존재를 전제로 하는 것 같다. 이것을 설명하기 위해서 우리가 잘 아는 개인심리학에서 나온 유사한 사례를 살펴보기로 한다.

인간 내부의 원초아<sup>ES</sup>가 성적 혹은 공격적 성격의 욕동을 일으킬 경우, 사고와 근육이라는 도구를 쓸 수 있는 자아가 이 욕동을 행동을 통해 충족시킨다는 것이 가장 단순하고 자연스러운 일이다. 이 욕동의 충족을 자아는 쾌감으로 받아들이고, 그 불만족은 분명 불쾌감의 원천이 되었을 것이다. 그런데 자아가 외적인 상황을 고려해서 충동 해소를 중단하는 경우, 다시 말해 행동이 자아에 중대한 위험을 초래한다는 것을 통찰하는 경우가 일어날 수 있다. 이런 종류의 충족의 포기, 외적 저지로 인한 충동 포기, 우리는 이것을 현실원칙에 대한 복종이라고 하는데, 이는 어떤 경우든 즐거운 일이 아니다. 욕동의 단념은 욕동의 강도가 에너지 전이를 통해 소산되지 않는 이상 지속적인 불쾌감이라는 긴장상태를 유발할 수 있다. 그러나 욕동의 단념은 다른, 분명히 말하자면 내적인 이유에서 강제되기도 한다. 개별적 발달 과정에서 외부에 있는 억제력의 일부가 내면화하면 자아 내부에 하나의 심급이 조성되고, 이것이 자아의 나머지 부분과 대치하여 그것을 관찰하고, 비판하고 금지시킨다. 우리는 이 새로운 심급을 초자아<sup>das Über-Ich</sup>라고 부른다. 지금부터 자아는 원초아가 요구하는 욕동의 충족이 작동하기도 전에 외부의 위험에 대해서는 물론이고 초자아의 불복까지도 살펴야 하는데, 그렇게 되면 욕동 충족이 유예될 가능성이 더 많아진다. 그러나 욕동의 단념이 외부적인 이유에서만 그저 불쾌한 데 반하여, 내적인 이유에서, 말하자면 초자아에 복종하는 의미에서 나온 것이라면 다른 경제적인 작용이 따른다. 이 욕동의 단념은 피할 수 없는 불유쾌의 결과 외에도 경우에 따라서는 쾌감, 즉 대체만족을 안기기도 한다. 이 경우 자아는 기분이 상승하고, 자아는 욕동의 단념을 가치 있는 일이라도 되는 것처럼 긍지스럽게 생각한다. 이 쾌감 획득의 메커니즘을 우리는 이해할 수 있다고 본다. 초자아는 개인의 행동을 유아기에 감독하는 양친(그리고 교육자)의 후계자이자 대리인이다. 그리고 그들의 기능을 변함없이 묵묵히 수행한다. 초자아는 자아를 지속적인 종속 상태로 만들고 자아에다 끊임없이 압력을 가한다. 자아는 이제 주인의 사랑을 갈구하는 유년의 아이처럼 보호받는다. 그래서 자아는 초자아의 인정을 해방이자 만족으로 느끼고 초자아의 비난은 양심의 가책으로 느낀다. 자아가 초자아에 대하여 욕동의 단념이라는 희생을 가져오면, 그 보상으로 초자아로부터 더 큰 사랑을 받을 것으로 기대한다. 이 사랑을 받은 의식은 그것을 자랑스러워한다. 권위가 아직 초자아로서 내면화하지 못했던 시기에는 사랑의 상실에 대한 위협과 욕동 요구와의 관계는 같은 것이었다. 부모에 대한 사랑 때문에 욕동의 단념을 성취했을 때는 안정과 충족의 감정이 있었다. 그러나 권위 자체가 자아의 일부가 된 후에야 이 좋은 감정이 독특한 자기애적 성격을 띤 자긍심을 받아들일 수 있었다.

욕동의 단념을 통한 충족이란 설명이 우리가 연구하려는 과정들, 즉 영성의 진보에서 생겨나는 자의식의 중요성을 이해하는 데에 어떤 기여를 하는가? 매우 적어 보인다. 그러나 실제 상황은 매우 다르다. 문제는 욕동의 단념이 아니다. 희생을 치르게 하는 제2의 인물 혹은 제2의 심급이 존재하는 것도 아니다. 그런데 우리는 이 두 번째 주장에는 확신을 갖기 힘들다. 우리는 위대한 사람이란 바로 권위라 할 수 있는데, 이 권위를 세우기 위해 역량을 발휘한다. 그런데 위대한 사람은 자신이 바로 그 아버지와 유사하다는 이유로 위력을 갖기 때문에, 집단 심리에서 초자아의 역할이 이 위대한 사람에게 부여된다 해도 놀랄 만한 일은 아니다. 이것은 그 사람 모세가 유대민족과 맺은 관계에도 그대로 적용된다. 그러나 이 관계 외의 다른 점에서는 이런 적절한 유비가 생겨날 수 없다. 영성에 있어서의 진보는 직접적 지각에 반해 소위 더 상위의 지적인 과정들, 즉 회상들, 성찰들, 추리과정들을 선택한다는 데 있다. 부성이 모성처럼 감각의 징표로는 증명할 수 없음에도 불구하고, 가령 우리는 부성이 모성보다 중요하다고 규정한다. 그리고 바로 그 때문에 아이는 아버지의 성을 갖고 그의 상속자가 된다. 아니면, 신이 폭풍이나 심혼처럼 보이지 않는데도 우리 하느님은 가장 위대하고 전능하다고 말하는 것이다. 성적 혹은 공격적인 욕동 요구를 배격하는 것은 이와는 전혀 다른 것인 듯하다. 우리는 영성의 진보 중에서도, 가령 부권이 승리를 거둔 사례의 경우, 비교 우위에 대한 존중의 척도가 되는 권위의 흔적을 제시할 수 없다. 이 경우 아버지는 권위가 아니다. 아버지는 영성의 진보를 통하여 비로소 권위로 올라섰기 때문이다. 그래서 우리는 이제 인류의 발전 과정에서 감각이 영성에 의해 점차 압도당하고 인간들이 바로 그 진보의 과정을 통하여 만족감과 긍지를 느끼는 현상을 보고 있다. 하지만 우리는 왜 그렇게 되는지 말할 수 없다. 그러고는 나중에 다시 영성 자체가 이번에는 신앙이라는 기이하고도 감정적인 현상에 압도당하는 일이 일어난다. 이것이 바로 저 유명한 불합리하므로 나는 믿는다<sup>Credo quia absurdum</sup>는 것인데, 이것을 성사시킨 사람은 이 현상을 최고의 업적으로 여긴다. 이 모든 심리학적 상황의 공통되는 요소는 이와는 별개의 사안일 수 있다. 어쩌면 인간은, 보다 어려운 것은 보다 높은 것이라고 설명하는 것인지도 모르겠으며, 인간의 자부심이란 극복한 난관에 대한 의식을 통하여 고양된 자기애에 지나지 않는지도 모르겠다.

이런 생각들은 분명 큰 성과가 없는 설명이다. 어떤 사람들은 이런 생각들이 유대민족의 성격을 규정한 것이 무엇이냐는 우리의 연구와 아무런 상관이 없다고 생각할 수도 있다. 그러나 이 점이 우리에게는 오히려 장점이 될지도 모른다. 나아가 이것이 우리 문제와 불가분의 관계가 있다는 사실은 뒤에 우리가 다시 언급하게 되는 사실을 통해 분명하게 될 것이다. 신의 형상을 만드는 것을 금지시키는 데서 시작된 종교는 수백 년의 세월이 흐르는 동안 욕동의 단념을 요구하는 종교로 발전했다. 그 종교가 성적 금욕을 요구한다는 뜻이 아니라, 그 종교가 성적 자유에 현저한 제약에 만족하고 있다는 것이다. 그러면 신은 성에서 완벽하게 격리되어, 윤리적 완벽함의 이상으로 드높여진다. 윤리라는 것은 욕동의 제한이다. 선지자들은 끊임없이 하느님이 그 백성에게 원하는 것은 공의와 착한 삶의 영위이지 다른 것이 아니라고 선포했다. 말하자면 오늘날의 윤리에서조차도 악덕으로 단죄되는 모든 욕동 충족을 멀리할 것을 주장한 것이다. 하느님을 믿으라는 요구조차도 이 윤리적 요구의 진지함에 비추어 보면 뒤로 물러설 정도이다. 이렇게 하여 욕동의 단념은 종교에서 처음부터 등장한 것은 아니라 하더라도 두드러진 역할을 하는 것처럼 보인다.

하지만 이 자리는 오해를 방어하기 위한 이의를 제기하는 자리다. 혹 욕동의 단념과 거기에 바탕을 둔 윤리가 종교의 본질적인 내용이 아닌 것 같아 보일지라도 발생적으로는 종교와 아주 깊은 내적인 관계를 맺고 있다. 우리가 보기에 종교의 최초 형식인 토테미즘은 이 체계의 필수적인 구성요소로 수많은 계명과 금지를 갖추고 있다. 그런데 이 계명과 금지는 말할 것도 없이 욕동의 단념을 의미한다. 토템을 죽여서도 안 되고 다치게 해서도 안 되는 금지를 포함하는 토템 숭배, 원시 무리 내에서의 어머니들이나 누이들에 대한 욕동을 단념하게 하는 제도로서의 족외혼속, 그리고 형제동맹의 모든 구성원에게 동등한 권리를 주자는 암묵적 동의, 즉 형제들의 폭력적인 대립 경향을 제한하자는 것 모두가 욕동의 단념을 의미한다. 이런 규정들 속에서 도덕적이고 사회적인 질서의 초기 형식들을 찾아볼 수 있다. 그런데 여기에는 두 가지의 서로 다른 동기가 작용하고 있다는 점을 간과해서는 안 된다. 처음의 두 가지 금지들, 즉 토템 금제와 족외혼속은 제거된 아버지가 원하는 방향이다. 흡사 그 아버지의 의지가 계속 살아 있는 것 같다. 세 번째 규정, 즉 동맹을 맺은 형제들에게 동등한 권리를 주어야 한다는 규정은 아버지의 의지와는 상관없는, 아버지가 제거된 이후에 태동한 질서를 되도록 오래 유지할 필연성을 소환해야 가능한 것이다. 그렇지 않으면 그 이전의 상태로 되돌아가는 것을 피할 수 없기 때문이다. 바로 여기에서 이 사회적 계명들은 굳이 다르게 말하자면 종교적 관계에서 직접 파생한 다른 계명들과는 분리된다.

인간 개별 존재의 단축된 발달 과정에서 이런 진행 과정의 본질적인 부분이 반복된다. 이 발달 과정에서도 역시 부모의 권위, 본질적으로는 무제한적인, 힘으로 처벌을 하겠다고 위협하는 아버지의 권위가 존재하는데, 이것이 아이에게 욕동의 단념을 요구하고, 무엇은 아이에게 허용되어 있고, 무엇은 금지되어 있는지를 확실히 규정한다. 아이에게 '착하다'거나 '나쁘다'고 말하는 것은 나중에 사회와 초자아가 부모의 자리에 들어서면 '좋음'과 '나쁨'으로, 미덕이라거나 악덕이라고 규정된다. 그러나 그것은 결국 동일한 것으로서 아버지를 대신하는, 그가 계속 살아 있게 하는 권위의 강제를 통한 욕동의 단념이다.

이러한 통찰들은 우리가 이상한 개념인 거룩함이라는 개념을 연구해 보면 더욱 심화될 수 있다. 우리가 높이 평가하고, 중요하고도 의미 있는 것으로 인정하는 다른 것을 부각시킬 때 쓰는 '거룩한'heilig이란 실제로 무엇인가? 한편으로 거룩함은 종교적인 것과 밀접한 관계를 맺고 있음이 의심할 나위가 없으며 이 관계는 집요하게 강조된다. 종교적인 모든 것은 거룩하고, 또한 그것은 곧 거룩함의 핵심이다. 다른 한편 우리의 판단은 수많은 것들로 방해를 받는다. 그것은 거룩함의 특성이 다른 것들, 이를테면 인물들, 제도들, 업무들과 같은 종교와 아무런 관계가 없는 것들에 사용된다는 점이다.

이런 일들은 명백한 목적에 봉사할 뿐이다. 신성한 것에 확실히 붙어 있는 금지의 성격에서 출발해 보자. 신성한 것은 분명 건드려서는 안 되는 어떤 것이다. 신성한 금지는 강력한 감정의 동반을 강조하지만 합리적으로는 아무런 근거가 없다. 왜냐하면 예를 들어 딸이나 누이와의 근친상간이 특별히 심각한 범죄가 되고, 다른 성관계보다 훨씬 더 나쁜 이유는 무엇인가? 우리가 이 질문에 대한 합리적인 대답을 요구해 봤자, 우리의 감정이 그에 대해 곤두선다는 대답밖에는 들을 수가 없다. 이 말은 곧 사람들은 금지를 당연한 것으로 치부할 뿐, 그 근거는 댈 수 없다는 뜻이다.

그런 설명의 부실함을 우리는 아주 쉽게 증명할 수 있다. 소위 우리의 가장 신성한 감정에 대한 모욕이라고 할 수 있는 것이 고대 이집트나 그 밖의 고대 민족의 지배계급에게는 보편적인 풍습이었다. 우리는 이것을 신성화된 풍습이었다고 말해도 좋다. 파라오가 누이를 정실 부인이자 가장 고귀한 부인으로 삼아야 하는 것은 당연한 일이었다. 파라오의 후계자들과 헬레니즘 시대의 프톨레마이오스 왕조의 왕들은 이 모범을 따르는 데 조금의 망설임도 없었다. 우리는 이로써 근친상간이 —— 이 경우 남매간의 —— 평범한 인간들 사이에서는 사라졌지만, 신의 대리자인 왕들 사이에는 유보되어 남아 있었다는 사실을 알게 된다. 우리는 그리스와 게르만의 전설에서 이런 종류의 근친상간 관계를 보고 어떤 거부감도 느끼지 않는다. 오늘날의 귀족 계급에서도 동등한 가문을 유지하고자 애태우면서 동원되는 것이 바로 이 태곳적 특권의 잔재라고 추정할 수 있는데, 이로써 우리는 사회의 최고 계층이 오랜 세월이 흐르도록 근친상간 해온 결과 바로 오늘날의 유럽이 한 가문 내지는 그 가문에서 유래한 두 번째 가문에 의해 통치되고 있는 것을 보고 알 수 있다.

신들, 왕들, 영웅들 사이에서 일어난 근친상간에 대한 언급은 또 다른 하나의 문제를 해결하는 데 도움이 된다. 그 문제는 근친상간 기피를 생물학적으로 설명하는 것으로서, 동종 번식의 폐해에 대한 막연한 지식에서 나온 것이라는 문제이다. 그러나 동종 번식에 폐해의 위험이 있다는 주장은 아직 확실하지 않다. 하물며 원초인들이 그 위험을 인식하고 여기에 대처하는 방향으로 반응했다는 말은 들어 보지도 못했다. 몇 촌까지 근친상간이 가능하고 몇 촌까지 금지되었는지 분명하게 정의되어 있지도 않아, 근친상간 기피의 원래 이유가 '자연스러운 감정'이라는 가정을 받아들이는 것에도 미치지 못한다.

상고시대에 대한 우리의 가설 구축이 또 다른 하나의 설명을 가능하게 한다. 족외혼속 계명은 근친상간 기피의 음화陰畵라고 할 수 있는데, 이것은 아버지의 유지이고, 아버지가 살해된 뒤로도 계속해서 유지되었다. 그래서 이 규정에 대한 감정적인 반응이 강조되고, 그것에 대한 합리적인 근거 규명의 불가능함, 즉 거룩함이 생긴 이유이다. 우리는 신성한 금지와 관련된 다른 사건들에 대한 연구도 근친상간 기피의 경우와 같은 결론에 이를 것이라고 확신한다. 말하자면 신성한 것은 모두 본래 원초 아버지의 뜻의 계승이 아니겠느냐는 점이다. 이렇게 보면 신성이라는 개념을 표현하는 언어의, 지금까지는 전혀 이해하지 못한 양가성이 드러난다. 아버지에 대한 관계를 일반적으로 지배하고 있는 것이 바로 이 양가성이다. 라틴어 '사케르'sacer는 '신성한', '봉헌된'을 의미하지만은 않는다. 이 단어는 '흉악한', '가증스러운'으로 번역할 수 있는 어떤 것이기도 하다("황금을 향한 끔찍한 탐욕"auri sacra fames). 그런데 아버지의 의지라고 하는 것은 우리가 건드려서는 안 되는 것, 다시 말해서 우리가 존중으로 높이 받들어야 하는 것일 뿐 아니라, 고통스러운 욕동의 단념을 요구하는 것이어서 두려움의 감정으로 그 앞에서 떨어야 하는 어떤 것이기도 하다. 모세가 할례속을 도입함으로써 자기 백성을 "거룩하게 했다"는 말을 우리가 보노라면, 이제야 그 주장의 깊은 의미를 이해하게 된다. 할례라고 하는 것은 아득한 옛날 언젠가 원초 아버지가 그의 권력에 충만한 채로 아들들에게 행했던 거세의 상징적 대용물이다. 이 상징을 받아들이는 자는 그 행위로 아버지의 의지가 그에게 어떤 고통스러운 희생을 강요할지라도 아버지의 뜻에 순종하겠다는 준비가 되어 있다는 것을 보여 주는 것이다.

윤리적인 문제로 되돌아가 보면 우리는 이렇게 결론을 내릴 수 있다. 그 윤리적인 모든 규정의 일부는 이성적으로 개개인에 대한 공동체의 권리들, 사회에 대한 개개인의 권리들, 개개인 서로에 대한 권리들을 제한한 필연성에서 나왔다고 정당화할 수 있다. 그러나 이 윤리 규정들에서 위대하고, 비의적이고, 신비스러운 방법으로 당연하게 느껴지는 것은 아버지의 의지에서 나온 기원인 종교와의 맥락에서 그 특성들을 차용한 것이다.

## e. 종교의 진리 내용

믿음이 약한 우리들은 절대자의 존재를 확신한 탐구자들이 얼마나 부럽게 보이는가! 이 위대한 정신이 살아 있는 한 세계는 아무 문제가 없다. 이 정신 자체가 세계의 그 모든 조직들을 창조했을 터이니 말이다. 우리가 할 수 있는 최대한의 것이 힘들고, 하찮고, 단편적인 연구들인 것과 비교하자면 믿음이 있는 자들의 가르침은 얼마나 광대하고, 철저하고, 확정적인가! 그 자체가 윤리적 완전성의 이상인 신적인 정신은 인간들에게 이 이상에 대한 지식과 그들의 본질을 이상에 가까이 가도록 하려는 갈망을 이식하였다. 그래서 인간들은 무엇이 숭고한 것이며, 무엇이 고상한 것인지, 또 무엇이 저속한 것이며, 무엇이 비천한 것인지를 즉각적으로 감지하게 된다. 인간들의 감정생활은 이 이상理想으로부터 그때그때 얼마나 멀어졌느냐에 적응되어 있다. 인간들이 마치 근일점에 있을 때와 흡사하게 그 이상에 가까이 가면 그들은 큰 만족감을 느낀다. 그러나 그들이 마치 원일점에 있듯이 그 이상에서 멀어지면 그들은 강한 불쾌감으로 고통받는다. 이 모든 현상은 지극히 간단하고도 불변하는 일이다. 어떤 삶의 경험이나 세계 관찰이 그런 최고 존재의 전제를 받아들이지 못하게 할 때를 우리는 다만 안타까워할 뿐이다. 마치 세계가 이제 더 이상의 수수께끼라고는 없기라도 한 듯 우리에게는 새로운 과제가 주어졌다. 이 과제는 바로 다른 사람들은 어떻게 신적인 믿음을 획득하게 되었는지, 그리고 그 믿음이라는 것이 도대체 어디에서 '이성과 학문'을 압도하는 도저한 힘을 획득했는지를 이해하기 위한 것이다.

우리가 지금까지 다루어 왔던 비교적 사소한 문제로 되돌아가 보자. 우리는 오늘날까지 유대인의 존속을 가능하게 한 유대인의 특수성이 어디서 온 것인지를 설명하고자 한다. 우리는 그 사람 모세가 이런 성격을 부여했다고 보았다. 모세가 유대인에게 종교를 세워 주고, 이 종교를 통해 유대인의 자긍심을 앙양했기에 유대인들이 다른 민족보다 우월한 민족이라고 믿었던 것이다. 그 후 유대인들은 다른 민족들과는 떨어진 채로 존속해 왔다. 혼혈은 그들에게 큰 문제가 되지 않았다. 왜냐하면 그들을 한 덩어리로 묶은 것은 이념적 동기, 즉 지적, 정서적 재산의 공유였기 때문이다. 모세 종교가 이런 영향을 미친 이유는, 1) 모세 종교가 유대인에게 새로운 신 관념이라고 하는 위대함에 합류할 수 있게 했기 때문이고, 2) 이 민족이 이 위대한 신의 선민이 되었고 하느님의 은총을 받을 증거가 분명하다고 가르쳤기 때문이며, 3) 이 민족에게 있는 것만으로도 의미가 있는 영성의 진보를 강요하여, 이것이 지적 작업의 중요성을 일깨우고 욕동의 단념을 향한 길을 열어놓았기 때문이다.

이것이 우리 연구의 결과이다. 그런데 우리가 이것들 중 어느 것도 철회하고 싶지 않지만, 어딘가 모르게 불충분하다는 것은 숨길 수가 없다. 말하자면 그것은 원인이 결과에 상응하지 못하고, 우리가 설명하려는 사실이 우리가 설명한 수단이 된 모든 것들과는 전혀 다른 차원이기 때문에 발생한 것이다. 지금까지 우리의 연구가 전체 동기를 규명하지 못하고 그저 피상적인 표층만 바라보고 있는데, 그 뒤에 있는 다른 매우 중요한 동기를 찾으려고 하는 것이 가능하기는 할까? 삶이나 역사의 모든 원인자가 아주 복잡하다고 보면 우리 연구도 그에 못지않은 어떤 것을 각오해야 할 것이다.

이런 심층의 동기로 들어가는 통로가 앞의 서술 어느 특정한 곳에서 집중했을지 모른다. 모세의 종교는 직접적으로 영향을 미친 것이 아니라 기이할 정도로 간접적이었다. 이 말은 단지 모세 종교가 즉시 영향을 미치지 않고, 완전한 영향을 미치기까지 오랜 세월, 수 세기가 걸렸다는 것을 말하고자 하는 것이 아니다. 한 민족의 성격 형성이 각인되는 문제라면 그 정도의 세월이 필요했던 것은 당연하니까 말이다.

그보다는 이러한 제약이 우리가 유대 종교사로부터 알아낸 사실, 혹은 다르게 말하면 유대 종교사 안에 우리가 각인시킨 어떤 사실과 관계가 있다는 것이다. 우리는 어느 일정한 기간 후에 유대인들이 다시 모세 종교에서 등을 돌렸다고 말했다. 그러나 우리는 그들이 이 종교를 완전히 거부했는지 중요한 교리의 일부는 그대로 따르고 있었는지 알 수 없다. 가나안 침공과 그 지역 사람들과의 오랜 싸움 속에서 야훼 종교가 본질적으로 바알 신앙과 다를 것이 없었다는 가정하에, 우리는 그 이후의 의도적인 회복을 위한 노력들에도 불구하고 이런 부끄러운 내용들을 은폐하려고 했다는 역사적 근거를 갖고 있다. 그럼에도 모세 종교가 흔적도 없이 사라지지는 않았으며, 모세교에 대한 흐릿하고 왜곡된 일종의 기억으로 존속했고, 그리고 아마도 성직자 계급에 속하는 개개인들에게만 옛 기록을 중심으로 남아 계승되었다. 이 위대한 과거의 전승은 유대인의 배후에서 계속해서 작용하면서 점차로 영성의 힘을 얻어 가다가, 마침내 야훼 신을 모세의 신으로 변형시킴으로써 수세기 전에 성립되었다가 방기된 모세교가 되살아나기에 이른 것이다.

이 연구의 앞 장에서 우리는 그런 전승의 역량에 대해 이해를 한다면 어떤 가정이 필수불가결한지 논한 적이 있다.


## f. 억압된 것의 회귀

심혼생활에 대한 정신분석 연구를 통해 우리가 배운 것들 가운데 이와 유사한 과정들을 보여 주는 것들은 얼마든지 많다. 그런 것들 중 일부분은 병리학적인 것이고, 또 다른 것들은 정상성이 보여 주는 다양한 변이형으로 봐야 하는 것도 있다. 하지만 이것은 크게 중요하지 않다. 왜냐하면 이 양자 사이의 경계선을 명확하게 그을 수 없고, 실제로 이 양자의 기제는 넓은 의미에서 엇비슷하기 때문이다. 그보다 훨씬 중요한 것은 그 변이형들이 자아 그 자체에서 완성되는가, 이 양자가 이질적인 것으로 서로 대립하고 있는가 하는 점이다. 후자의 경우를 우리는 흔히 증상이라고 부른다. 나는 우선 많은 자료들 중에서 성격 발달과 관계되는 사례 몇 가지를 강조하고자 한다. 자기 어머니와 너무나도 심하게 대립각을 세운 소녀가 어머니에게 있었으면 좋았을 모든 특성들을 힘써 계발하고, 어머니를 떠올리는 모든 것은 피해 왔다. 조금 더 상세히 설명하자면, 이 소녀는 여자아이들이 대부분 그렇듯이 어린 시절에는 어머니와의 동일화를 꾀하다가 이제는 어머니와 동일한 여성이 되는 것을 심하게 거부하게 된 것이다. 하지만 이 소녀가 결혼을 하고 스스로 아내와 엄마가 되면, 적대시하던 엄마를 닮아 가기 시작하다가 급기야는 극복한 어머니와의 동일화가 분명하게 재생되는 것을 보고 놀라고 만다. 남자아이들에게도 이와 똑같은 일이 일어난다. 그의 천재시대에 완고하고 현학적인 아버지를 싫어했던 그 위대한 괴테조차도 나이가 들자 그 역시 아버지 성격과 같은 모습들을 더 많이 보였다. 두 인격의 대립이 첨예하면 첨예할수록 성공은 그만큼 더 두드러질 수 있다. 내세울 것이라고는 없는 아버지 옆에서 살아갈 운명을 가진 한 청년은 아버지에게 반항하면서 유능하고 신뢰성 있고 존경받는 인물로 발전해 나갔다. 그러나 삶의 정점에서 이 사람의 성격이 돌변하면서 이제부터는 이 동일한 아버지를 마치 모범으로 살아온 것처럼 행동한다. 우리의 주제에서 길을 잃지 않기 위해서, 우리는 이런 진행의 처음에는 항상 어린 시절 아버지와의 동일화라는 것이 있음을 유념해야 한다. 이것은 우선 배척되다가, 스스로 과잉 보상되고, 결국에는 다시 실현된다.

다섯 살까지의 체험이 나중의 체험이 거스를 수 없을 정도로 삶에 결정적인 영향을 미친다는 것은 오래전부터 누구나 알고 있는 사실이다. 이 초기의 인상들이 어떻게 성년이 되고 난 후의 체험들을 뚫고 유지되는지에 대해서는 알아 두어야 할 것이 많지만 여기서는 그것에 대해 언급하지 않겠다. 그러나 가장 강력하고 강박적인 영향력은 아이가 일정한 시기에 맞닥뜨리는 여러 인상에서 온다는 것은 생각만큼 잘 알려져 있지 않다. 이 시기는 우리가 아이의 심리적 기관이 아직 완전한 수용능력을 갖추고 있지 못한 것으로 보는 시기이다. 사건 자체만 놓고 보면 기이한 것임에 틀림없다. 그래서 우리는 그것을 이해하기 위해 임의의 기간이 지난 다음에야 현상하고 인화하는 사진 촬영과 그것을 비교해 보면 좋을 것 같다. 우리는 이런 일을 볼 때마다 시인이 갖추어야 할 대담함을 갖춘 한 환상적인 작가가 우리의 불유쾌한 이 발견을 오래전에 선취했다는 것을 기꺼이 언급하곤 한다. 호프만<sup>E. T. A.</sup> Hoffmann은 자기의 문학작품에서 풍부한 형상들의 소재를 사용했는데, 이 형상들은 젖먹이 시절 어머니의 품에 안긴 채, 몇 주간의 우편마차 여행에서 본 풍경과 인상들의 변화에서 얻은 것이라고 말하곤 했다. 아이들은 자기들이 두 살 때 체험했으나 이해할 수 없었던 것을 꿈속에서가 아니라면 기억해 낼 필요가 없다. 정신분석치료를 통해서 비로소 그들은 이런 것들이 있음을 알게 된다. 그러나 나중에 강박 충동과 함께 삶 속으로 떠오를 경우, 그 기억들은 그들의 행동을 지배하고, 공감과 반감으로 풀무질하며, 대부분 합리적으로 이유를 댈 수 없는 사랑의 상대를 결정하는 데도 충분히 자주 영향을 미친다. 이러한 일들은 두 가지 점에서 우리의 문제와 관련을 맺고 있다는 것을 간과할 수 없다. 첫째는, 여기에서 결정적 동기로 인식되는 체험과 이 일들 사이의 시간적 거리이다.[23] 예를 들어 우리가 유아 체험 가운데 '무의식적인' 것으로 분류하는 기억의 특별한 상태가 바로 이렇게 멀리 떨어진 시간적 거리이다. 이제 우리는 바로 이 지점에서 한 민족의 심혼생활에 있는 전승이 그 역할을 하고 있다고 보는 기억의 특별한 상태와의 유비를 찾을 수 있기를 기대한다. 물론 무의식의 개념을 집단심리학으로 대입하는 일이 쉽지는 않다.

[둘째는,] 신경증 형성으로 연결되는 기제들이 우리가 검토하고 있는 현상들에 규칙적인 기여를 해왔다는 점이다. 여기에서도 결정적인 사건들은 유아기에 일어났지만, 이 경우 강조되는 것은 시간이 아니라 이 사건과 마주하는 과정, 즉 사건에 대한 반응이다. 이것을 도식화하여 말한다면, 체험의 결과 욕동의 요구가 제기되는데, 이것은 충족을 요구한다. 자아는 이 충족을 거절한다. 그 이유는 자아가 요구의 거대함 때문에 마비되기 때문이거나 여기에서 자아가 위험을 감지했기 때문이다. 이 두 가지 이유 중에서 전자가 더 근원적인데, 둘 모두 위험상황을 면하는 방향을 택한다. 자아는 억압의 과정을

---

23) 이 점에 있어서 시인은 그냥 지나가지 않는다. 자신의 애착을 다음과 같이 노래한다. "전생엔 당신이 나의 누이였거나 나의 아내였겠지."(Du warst in abgelebten Zeiten / meine Schwester oder meine Frau. 괴테, 바이마르판 제4권, 97쪽) [옮긴이] 괴테가 폰 슈타인(Charlotte von Stein)에게 바친 시.

통해서 이 위험을 방어한다. 욕동은 이렇게 해서 억제되고, 동기는 욕동에 속해 있던 지각이나 관념과 함께 망각된다. 그러나 이로써 과정이 끝나는 것은 아니다. 욕동은 그 강도를 유지하거나 그 강도를 다시 모으거나, 새로운 동기를 통해 각성된다. 이렇게 되면 욕동은 그의 요구를 새롭게 시작한다. 그러나 정상적인 충족 방법은 이른바 억압상흔<sup>Verdrängungsnarbe</sup>이라고 부르고자 하는 것에 차단당해 있기 때문에, 욕동은 취약한 곳을 뚫어 이른바 대리만족이라는 다른 길을 놓게 된다. 이것이 증상으로 나타나게 되는데, 자아는 이것을 승인한 적도 없고, 이해할 수도 없다. 증상형성의 모든 현상들은 '억압된 것의 회귀'<sup>Wiederkehr des Verdrängten</sup>라고 불러도 좋다. 그러나 이 회귀한 것의 두드러진 성격은 원래의 것과 비교하여 회귀한 것이 엄청나게 왜곡되어 있다는 점이다. 마지막으로 검토한 이 일련의 사건들이 전승과는 유사성 면에서 너무 떨어져 있다고 생각할지도 모르겠다. 하지만 우리가 그와 더불어 욕동의 단념이라는 문제에 다가섰다면 우리는 후회하지 않을 것이다.

## g. 역사적 진리

우리는 모세 종교가 유대인들에게 미친 영향이 먼저 전승으로 이룩되었다는 사실에 대해 더 큰 신뢰를 가질 수 있도록 이 모든 심리학적 외론들을 전개했다. 실제로 우리가 거둔 성취는 일정한 개연성 이상이라고 보기는 힘들다. 하지만 그것이 완벽한 증명이었다고 가정해 보자. 하지만 우리는 요구의 질적인 요인만 충족시켰을 뿐, 양적인 것은 만족시키지 못했다는 인상만을 남긴다. 유대교를 포함해서 어떤 종교의 생성과 관련된 모든 것에는 위대한 것이 담겨 있다. 하지만 이 위대함은 그간의 우리 설명으로 다하지 못한 것이다. 여기에는 또 다른 동기가 작용했을 것이다. 그 동기에 대해 유사한 것도 적거니와 같은 것은 전혀 없다. 그 동기는 어떤 고유한 것으로, 종교 자체만큼이나 위대한 것에서 나온 것이다.

우리는 이제 반대 방향에서 이 대상에 접근해 보자. 우리는 원초인들이 세계의 창조자로서의, 족장으로서의, 개인적 보호자로서의 신을 필요로 했을 것이라 짐작한다. 이 신은 전승으로 전해지는바, 한 종족의 죽은 아버지들의 배후에 그 위치를 차지한다. 그 이후의 시대, 즉 우리 시대 사람도 같은 태도를 보인다. 그 역시도 어린아이로 남아서 어른이 되었음에도 불구하고 보호를 필요로 한다. 그 역시 신의 도움을 배제할 수 없었을 것이다. 그런 것들은 논란의 여지가 없다. 그러나 그 신이 왜 유일신이어야 하는지, 왜 단일신<sup>Henotheismus</sup>에서 유일신<sup>Monotheisumus</sup>으로 넘어간 것이 획기적인 의미를 띠는지를 이해하기는 쉽지 않다. 우리가 이미 설명했듯이 신자는 자기가 믿는 신의 위대함에 동참한다. 따라서 신이 위대하면 위대할수록 이 신이 약속하는 보호는 그만큼 더 신뢰성이 크다. 그렇다고 해서 신의 권능이 신이 유일하다는 필연적 전제조건을 가진 것은 아니다. 주신이 자신의 수하에 다른 신들을 지배하고 있을 경우에도 많은 민족이 주신을 찬양했으며, 주신 외에 다른 신들이 있다고 해서 그의 위대함을 적게 찬양한 것은 아니었다. 그런데 이 신이 보편적이 되어 온 나라 온 민족을 다스린다면 이 신과의 친밀도에 손상이 온다는 것을 의미하였다. 이것은 흡사 사람들이 신을 다른 이방인들과 나누어 갖는 것과 같아서, 그 점에 대해 이들이 그 신으로부터 우선적 섬김을 받는다는 유보조건을 통해 보상되어야 했다. 우리는 유일신 사상 자체가 영성의 진보를 의미한다는 것을 인정해야 하지만 이 점을 그렇게 높이 평가하기는 불가능하다. 동기 부여라는 측면에서 분명한 허점이 있지만 경건한 신자들은 충분히 그것을 보완할 수 있다. 이들은 유일신 사상이 영원한 진리의 일부분이었지만 오랫동안 감추어져 있다가 드디어 그 모습을 드러내고 모든 사람들의 마음을 빼앗기 때문에, 인간에게 압도적인 영향을 미친다고 말한다. 이런 종류의 동인이 결국 결과뿐 아니라 대상의 위대함에 적합하다는 것을 인정하지 않을 수 없다.

우리도 이런 해결책을 받아들이고 싶다. 그러나 이상하다는 생각이 든다. 이같이 경건한 사람들의 논거는 낙관적, 관념론적 전제 위에서 있다. 인간의 영성이 진리에 대하여 특별한 예감을 갖고 있다거나 인간의 심혼생활이 진리를 인정할 특별한 이끌림을 보인다는 것은 특별히 확인된 바가 없다. 오히려 반대로 우리의 영성은 알아차리지도 못한 채 쉽게 길을 잃거나 진리에 대해 아무런 성찰도 없이 우리의 소원 환영에 영합하는 것들을 쉽게 믿어 버리고 마는 것을 볼 수 있을 뿐이다. 그러므로 우리는 우리의 인정에 하나의 제한점을 덧붙이지 않으면 안 된다. 우리도 경건한 자들의 해결책이 일말의 진리를 포함하고 있다는 것을 믿는다. 그러나 그것은 역사상의 진리이지 물질적 진리는 아니다. 그리고 우리는 이 진리가 회귀할 때 겪은 왜곡을 수정할 권리를 행사해야 한다. 다시 말하면 우리가 유일하고 위대한 신이 오늘 존재하는 것은 믿지 않지만, 원초시대에 아주 위대하게 등장하여 나중에 신성으로 숭앙되어 인간의 기억에 회귀한 유일한 인물이 존재했다는 것을 믿는다.

우리가 앞에서 주장한 것은 모세 종교가 처음에는 배격을 당하고 반쯤 망각된 후, 전승에 다시 등장했다는 것이다. 우리는 이제 그 과정이 그 시대에 이미 두 번이나 반복되었다고 본다. 모세가 자기 백성에게 유일신 사상을 설파했지만 그 사상은 새로운 것이 아니라, 원초시대 인간의 가족에서 나온, 인류의 의식적 기억에서 오래전에 사라진 체험의 부흥이었다. 그러나 그것은 매우 중요한 사건이었고, 사람들의 삶에서 심층적 변화들을 만들어 냈거나, 그 변화에의 길을 놓았기 때문에, 우리는 인간의 심혼에 전승에 비견할 만한 어떤 지속적 흔적들을 남겼다는 것을 믿지 않을 수 없다.

우리는 개인의 정신분석을 통하여, 어린아이가 말을 할 수 없는 시기에 받아들인 유아기 인상들이, 스스로 의식적 기억으로 불러낼 수 없는 채, 강박적 성격의 결과들을 유발한다는 것을 알고 있다. 우리는 이것을 모든 인류의 원초시대 체험에 적용할 수 있다고 생각한다. 이러한 결과들 중 하나가 바로 유일하고 위대한 신의 이념을 탄생시켰는지도 모른다. 이 유일신의 이념은 비록 왜곡된 것이기는 하나, 우리는 그것을 온전히 정당한 기억으로 인정해야만 한다. 그런 이념은 강박적인 성격을 지닌 것이어서, 말하자면 믿음을 찾아야 한다. 이것이 왜곡에 이르는 한, 우리는 그것을 망상이라고 하고, 그것이 과거의 회귀를 되가져오는 한 우리는 그것을 진리라고 한다. 정신과적 망상에도 일말의 진리는 들어 있다. 환자의 확신은 이 진리에서 출발하여 망상이라는 은폐물로 넘어간다.

＊　＊　＊

이어지는 부분은 글의 끝까지 'III. 모세, 그의 민족, 그리고 일신론적 종교' 제1부에서 서술한 것을 약간 수정하여 다시 게재한 것이다.

1912년 나는 『토템과 터부』에서, 위에서 기술한 바와 같은 작용의 근원이 된 태곳적 상황을 재구성했다. 이 재구성에서 나는 다윈, 앳킨슨, 그리고 특히 로버트슨 스미스에 의해 제시된 몇 가지 이론적 사고를 원용하고 이 자료를, 정신분석의 발견이나 그 연구 성과와 합성했다. 나는 다윈으로부터는 인간들이 원래 작은 규모의 무리들로 살았다는 가설을 원용했다. 이 작은 규모의 무리는 나이 많은 남자의 지배하에 있었고, 그가 모든 여자들을 소유하고, 자기 아들을 포함한 젊은 남자들을 길들이거나 죽여 버리는 폭력적 지배를 받고 있었다. 그리고 아래 이어지는 부분은 앳킨슨의 이론을 빌려 왔다. 이러한 가부장제는 아버지에게 반항하여 힘을 합치고, 그 아버지를 폭력적으로 죽이고는 그 살을 뜯어 먹었던 아들들의 반역으로 끝난다. 로버트슨 스미스의 토템 이론을 차용하여 나는 나중에 아버지 원초 무리는 토템을 받드는 형제동맹에 자리를 내주었을 것이라고 생각한다. 승리를 쟁취한 형제들은 서로 평화로운 삶을 영위하기 위하여 아버지를 살해한 원인이 되었던 여자를 포기하고 족외혼속을 따르게 되었다. 이로써 아버지의 권능은 종말을 고하고 가족들은 모권 중심으로 재편되었다. 아버지에 대한 아들들의 양가적 감정은 그 이후의 전체 발전 과정에 상당한 영향력을 행사하게 되었다. 형제들은 아버지의 자리에 특수한 동물을 토템으로 세웠다. 이 토템 동물은 형제들의 조상이자 수호신으로 받아들여졌다. 따라서 다치게 하거나 죽여서는 안 되었다. 그러나 남성들 공동체는 일 년에 한 번씩 모여 향연을 벌였는데, 그들은 여기에서 토템 동물을 토막으로 찢어서는 함께 뜯어 먹었다. 어느 누구도 이 향연에 빠져서는 안 되었는데, 이것은 아버지 살해에 대한 축제적인 반복이었다. 이와 더불어 사회적인 질서, 윤리적인 규범, 그리고 종교가 시작되었다. 로버트슨 스미스의 토템 향연과 기독교의 최후의 만찬 사이의 유사성에 대해 내 앞의 수많은 학자들이 언급하고 있다.

오늘날까지도 나는 이 가설을 지지하고 있다. 나는 최근의 민속학자들이 로버트슨 스미스의 가설을 한목소리로 비판하고, 일부 전혀 다른 이론을 제시했는데도 불구하고 내가 이 책의 차후 판본에서 내 의견을 변경하지 않았다고 거듭 격렬히 비판한다는 소리를 들었다. 소위 이런 학문적 발전에 대해 나도 잘 알고 있다고 답할 것이다. 그러나 이 새로운 이론이 옳은지 로버트슨 스미스가 어떤 오류를 범하고 있는지는 확신할 수 없다. 논리적 모순이 있다고 해서 논박된 것은 아니며, 새로운 이론이 반드시 발전이라고 볼 수도 없다. 그리고 무엇보다도 나는 민속학자가 아니라 정신분석학자이다. 나는 민속학적 자료에서 정신분석에 필요할 수 있는 부분만 이용할 권리가 있다. 천재적인 로버트슨 스미스의 연구들은 나에게 정신분석의 심리학적 소재와의 귀중한 접점과 그 소재를 평가할 지침들을 제공해 주었다. 나는 그의 적대자들이 편 이론에서 아무런 일치점을 찾을 수 없었다.

## h. 역사적 전개

나는 여기에서 『토템과 터부』의 내용을 더 이상 자세하게는 반복할 수 없다. 그러나 내가 상정한 원초시대부터 역사시대에 유일신교가 승리를 거두는 기나긴 여정에 대해서는 언급할 것이다. 형제동맹, 모권제, 족외혼속, 토테미즘의 어우러진 앙상블이 완성되자, '억압된 것의 회귀'라고 표현할 수 있는 완만한 발전이 시작되었다. 우리는 여기서 '억압된 것'이라는 용어를 본래의 의미와는 다르게 사용하고 있다. 민중들의 삶 속에 있는 어떤 지나간 것, 망각된 것, 극복된 것을 말하는데 우리는 이것을 개개인의 심혼생활에 존재하는 억압된 것과 비교한다. 우리는 이 지나간 것이 망각된 상태의 기간 속에서 어떤 심리적 형식으로 존재하는지 말할 수 없다. 우리가 개인심리학을 집단심리학에 적용시키는 것은 쉬운 일이 아니다. 나는 '집단적' 무의식의 개념을 도입한다고 해서 사정이 나아진다고 보지 않는다. 실제로 무의식의 내용물은 보편적으로 집단적이며, 인간들의 보편적 공유물이다. 따라서 우리는 유비를 사용하여 우선적 해결책을 마련해 본다. 우리가 여기서 민중들의 삶에서 연구하는 사건들은 우리가 정신병리학을 통해서 알게 된 것들과 정확하게 동일한 것은 아니라 해도 매우 유사하다. 그래서 우리는 마침내 저 원초시대의 심혼적 침전물이 유산으로 남아 있고, 각기 새로운 세대에 획득의 대상이 아니라 오로지 각성의 대상이 된다는 결론에 이른다. 이때 우리는 아이가 언어를 발달시키는 과정에서, 어떤 교육을 받지 않아도 아이들 모두 잘 알고 있는, 확실히 '태생적인' 상징성의 사례를 들 수 있다. 이 상징은 언어가 서로 다른 모든 민족 사이에서도 공통으로 일어나는 현상이다. 이 과정에서 우리가 분명하게 확정할 수 없는 것은 정신분석 연구에서 나온 다른 결과들에서 찾아낼 수 있다. 우리는 아이들이 수많은 의미관련성을 대할 때 체험에 상응하여 반응하는 것이 아니라 동물처럼 본능적으로 반응한다는 것을 알 수 있다. 다시 말해서 이것은 계통 발생적으로 획득하는 것이라고밖에는 설명할 수 없다.

억압된 것의 회귀는 완만히 수행된다. 분명 이것은 즉각적으로가 아니라, 인간들의 문화사가 성취하는 삶의 조건들이 이루는 모든 변화들의 영향을 받고 수행된다. 우리는 여기에서 이런 영향의 변수들을 조망할 수 없을 뿐 아니라, 회귀의 단계들 중 완전하지 못한 한 개 이상은 열거할 수도 없다. 아버지는 다시 가족의 우두머리가 되지만, 더 이상 원초시대 무리의 아버지처럼 무제한적 아버지는 아니다. 토템 동물은 아직 매우 분명한 변화 과정을 보여 주면서 신에게 그 자리를 빼앗긴다. 인간의 형상을 한 신은 먼저 동물의 머리를 하고 있다가, 나중에 이 신은 자기가 좋아하는 특정 동물로 변신하곤 했는데, 이 동물은 이때부터 그 신에게만 신성한 동물, 신의 총애를 받는 동물이 되었다. 아니면 이 신이 그 동물을 죽이고 이 동물에서 유래하는 이름에 따라 불리기도 했다. 토템 동물과 신 사이에 이윽고 영웅이 출현하는데, 이는 자주 신화神化의 전 단계이다. 최고신의 사상은 태곳적에 이미 만들어진 것처럼 보이지만, 처음에는 인간의 일상적 이해관계에는 간섭하지 않는 그림자 같은 존재였던 것으로 보인다. 종족과 민족이 모여 거대한 단위를 형성하자 신들도 조직되어 가족을 이루거나 위계질서를 갖추게 되었다. 이 신들 중 하나가 다른 신들이나 인간 위에 우뚝 솟아 주신의 자리로 오르기도 했다. 그 후 천천히 한 신만 숭배하게 되는 다음 단계가 발생하고, 유일한 신에게 모든 권능을 부여하면서 그 옆에 다른 신을 용납하지 못하는 방향으로 발전한다. 이와 함께 비로소 원초 무리 아버지의 영광이 재현되었고, 그 아버지에게 느꼈던 정동들이 다시 반복될 수 있게 된 것이다.

오랫동안 보고 싶어 하고 갈망하던 이 아버지와의 만남이 만들어낸 첫 효과는 압도적이었으며, 이는 시나이산에서 십계명을 받는 것에 대한 전승이 그려 보이는 바와 같다. 찬탄과 경외, 그리고 그 눈에서 은총을 발견한 것에 대한 감사 — 모세 종교는 아버지인 하느님에 대한 이런 긍정적 감정 이외에는 어떤 감정도 알지 못한다. 원시 무리 아버지의 나약하고, 수줍은 아들에게 저항하기 어려운 신의 존재라는 확신과 그 신의 의지에 대한 굴복은 더 무조건적일 수 없었다. 그렇다. 감정들은 원초인들의 환경, 유아들의 환경으로 들어가 봐야 비로소 완전히 느낄 수 있을 것이다. 유아의 감정충동은 성인과 비교할 수 없을 정도로 그 강도와 넓이가 강하고 다 퍼낼 수 없을 정도로 깊다. 오직 종교적 도취만이 그것을 되살릴 수 있다. 신에 대한 귀의에서 생기는 이런 황홀감은 위대한 아버지에게로의 회귀에 대한 첫 반응이다.

이런 아버지 종교의 방향은 이로써 영원히 확정되었다. 그러나 이와 함께 이 종교의 발전이 완결된 것은 아니었다. 양가감정은 아버지와의 관계의 본질이다. 시간이 흐르면서 한때 아들들의 찬탄과 외경의 대상이었던 아버지를 살해하라고 풀무질하는 저 원초시대의 적의가 싹틀 가능성이 배제될 수 없었다. 그러나 모세 종교의 틀 안에는 살의에 넘치는 아버지에 대한 증오가 직접적으로 표현된 곳이 없다. 다만 아버지 증오에 대한 강한 반작용이 출현할 수 있다. 말하자면 그런 적의 때문에 일어나는 죄의식, 하느님에게 죄를 짓고 그 죄 짓는 것을 중단할 수 없는 데 대한 양심의 가책이 출현할 수 있다. 선지자들에 의해 끊임없이 환기되어 이윽고 종교 조직의 통합적 내용을 형성한 이 죄의식은 그 죄의식을 불러온 사실을 교묘하게 위장한, 다른 또 하나의 표면적인 동기가 있다. 하느님의 은총에 걸고 있던 희망들이 성취되지 않았던 백성들은 힘든 일을 겪었다. 하느님의 선민이라는 무엇보다 사랑받는 환영을 붙잡고 있기란 쉬운 일이 아니었다.

만약 유대인들이 행복을 포기할 수 없었다면 자기들 죄로 인한 죄의식은 하느님을 방면할 훌륭한 수단을 제공하였을 것이다. 그러나 이들은 하느님의 계명에 복종하지 않았기에, 하느님으로부터 벌을 받는 길 이외의 더 좋은 것이 있을 수 없었다. 끝날 줄 모르는 이 죄의식, 보다 심층적인 근원에서 온 이 죄의식을 없애고자 유대인들은 이 계명을 보다 엄격하게, 더 고통스럽게, 더 철저하게 만들지 않을 수 없었다. 윤리적 금욕에 대한 새로운 도취에서 그들은 새롭게 욕동의 단념을 제시하고, 동시에 적어도 율법과 계율에 있어서 고대의 다른 민족은 접근도 할 수 없는 고도의 윤리적 위상에 도달했다. 많은 유대인들은 이 고도의 윤리적 위상을 유대 종교의 두 번째로 중요한 특징이자, 두 번째의 위대한 성취로 생각한다. 우리가 언급한 것에서 이것이 첫 번째 특징, 유일신 관념과 어떻게 연관되는지 알 수 있다. 그러나 이러한 윤리학은 억눌러 놓은 하느님의 적의 때문에 생겨나는 죄의식의 근원을 부정하지 못한다. 이 윤리학은 강박신경증적 반응 형성의 완결되지 않은, 그리고 완결될 수 없는 특징을 보인다. 우리는 이 윤리가 은밀한 자기처벌 의도라고 볼 수도 있다.

더 이상의 발전은 유대교를 넘어선다. 원초 아버지 비극에서 회귀한 나머지 것은 어떤 식으로든 모세교와는 연합할 수 없었다. 이 시대의 죄의식은 이미 오래전에 유대인들에게만 제한되어 있지 않았다. 그 죄의식은 무거운 불쾌감으로서, 아무도 그 근원을 말할 수 없는 불행의 예감으로서 지중해 연안의 모든 민족을 엄습했다. 오늘날의 역사 서술은 이것을 고대 문화의 노쇠라고 하지만, 내가 추측하기로 이것은 민족들의 불쾌감에 대한 우연한 이유나 보조적 원인을 지적하였을 뿐이다. 이 암담한 상황의 해명은 유대교에서 출발하였다. 이곳저곳에서 나온 접근법과 준비들과는 상관없이 로마 시민으로서는 바울이라고 불리던, 타르수스의 사울이라는 유대인 남자가 등장해서 그의 정신으로 다음과 같은 인식을 쏟아 내었다. 우리가 이처럼 불행한 것은 우리가 아버지 하느님을 살해했기 때문이다. 그가 이 진리를 기쁜 계시에 대한 망상과 같은 비유로밖에 표현할 수 없었던 것은 충분히 이해할 만하다. 우리들 중 한 사람이 우리의 죄를 사하기 위해 그 목숨을 희생한 이후로 우리는 모든 죄에서 구원되었다. 이 언명 속에서 하느님을 살해한 것이 물론 언급되지 않았지만 사람의 목숨을 희생시켜야 죄 사함이 이루어지는 범죄는 살인죄밖에 없다. 그리고 망상과 역사적 사실을 매개함으로써, 그 희생물이 하느님의 아들이라고 하는 확신이 만들어진다. 역사적 진실의 원천에서 흘러나온 힘을 통하여 이 새로운 신앙은 모든 장애를 굴복시킨다. 축복받은 선민의식의 자리에 해방하는 구세주의 의식이 들어선 것이다. 그러나 아버지 살해의 사실은 인류의 기억으로 회귀하면서, 유일신교의 내용을 만들어 놓은 다른 사건보다 훨씬 강력한 저항들을 극복하지 않으면 안 되었다. 다시 말해 이 사실은 보다 강력한 왜곡들에 내맡겨지지 않을 수 없었다. 형언할 수 없는 이 범죄는 실제로는 모호한 원죄라는 가설로 대체되었다.

원죄와 예수의 희생적 죽음을 통한 구원은 바울이 세운 새 종교의 주춧돌이 되었다. 원초 아버지에 반기를 든 형제들 무리에 살해 행위의 주모자나 선동자가 있었는지, 아니면 이들이 그저 후일 상상력이 풍부한 예술가들이 스스로를 영웅으로 만들기 위해 창작했는데 이것이 전승으로 흘러들어 가 있는지, 그것은 분명하지 않다. 기독교 교리가 유대교 교리의 틀을 해체한 뒤, 다른 관념 체계로부터 종교의 구성 요소가 될 만한 것들을 수렴했고, 순수한 유일신교의 여러 가지 특징들을 포기했으며, 여러 세부사항에 있어서 기타 지중해 민족들의 의례에 접합했다. 그것은 마치 이집트가 아케나톤의 후계자들에게 새로운 복수를 가하러 온 것 같았다. 주목할 만한 것은 어떤 식으로 이 새로운 종교가 아버지와의 관계에서 예전의 양가감정을 논의했는가 하는 것이다. 이 종교의 주 내용은 하느님 아버지와의 화해, 다시 말해 그 하느님에게 행했던 범죄에 대한 벌이지만, 이 감정 관계의 이면에는 벌을 직접 받은 아들이 아버지 옆에 나란히 앉는, 실제로는 아버지 자리를 대신하는 신이 되었다는 점을 볼 수 있다. 아버지 종교에서 태어난 기독교가 아들 종교가 된 것이다. 결국 기독교도 아버지를 제거하는 숙명을 벗어나지 못한 것이다.

일부 유대인만이 이 새로운 가르침을 받아들였다. 이 교리를 거부한 사람들은 오늘날까지도 유대인으로 불린다. 이 분열을 통해 유대인들은 그 이전의 어느 때보다도 다른 민족들로부터 철저하게 분리되기에 이르렀다. 유대인들은 유대인 외에도 이집트인, 그리스인, 시리아인, 로마인, 심지어는 게르만인까지도 포함시킨 새로운 종교공동체로부터 신을 살해했다는 비난을 들어야 했다. 그 비난을 줄이지 않고 그대로 하면 이렇다. 그들은 하느님을 죽였다는 것을 인정하려 들지 않는다. 하지만 우리는 그 죄를 인정하고 죄 씻음을 받았다. 그러면 이 비난의 배후에 어느 정도의 진리가 있는지 쉽게 들여다볼 수 있다. 왜 유대인들은 온갖 왜곡에도 불구하고 하느님을 죽였다는 고백을 포함하는 종교적 진보의 대열에 참여하는 것이 불가능한가 하는 것은 특별한 연구의 대상이 될 것이다. 유대인들은 이렇게 함으로써 어느 정도는 비극적 죄짐을 어깨에 메고 가게 되었다. 사람들은 그에 대한 죄과를 혹독하게 치러야만 했다.

우리의 연구는 유대인들이 어떻게 해서 그를 다른 민족과 구분하는 특성들을 얻게 되었는지에 대한 질문을 다소나마 조명한 듯하다. 그러나 그 민족이 오늘날까지 어떻게 개성으로 유지될 수 있었는지 하는 문제에 대한 해명은 여전히 부족하다. 이 같은 수수께끼에 대한 철저한 대답은 공정하게 요구할 수 있는 것도, 공정하게 기대할 수 있는 것도 아니다. 글의 허두에서 밝힌 제한점에 따라 판단하자면, 이 글이 내가 제시할 수 있는 모든 것이다.

# 옮긴이 후기

## 1. '그 사람 모세'와 일신론적 종교?

프로이트는 원래 이 책 제목을 '모세와 유일신교'Moses und der Monotheismus 라고 붙이리라 생각했었고, 이것은 영역본의 제목 'Moses and Monotheism'과도 같다. 1939년 존스Katherine Jones가 번역한 영역본의 제목은 두운법적 운율이 맞기도 하다. 그러나 그 후 프로이트는 이 제목을 '그 사람 모세와 일신론적 종교'Der Mann Moses und die monotheistische Religion로 바꾸었다. 열린책들에서 출간된 같은 책(이윤기 역)뿐만 아니라 다른 여러 번역본에서는 괴이하게도 '인간 모세와 유일신교'라는 제목을 쓰고 있다. 그런데 생각해 보자. 모세는 신이 아니라 인간인데 굳이 프로이트가 '인간 모세'라는 뜻으로 말한 이유가 무엇이겠는가? 예를 들어, 예수가 신인데 인간적인 측면을 강조하기 위해서 '인간 예수'라는 말을 쓴다면 그것은 가능할 것이다. 굳이 사람인 모세를 인간이라 칭한다는 것은 모호할 수밖에 없다. 그러므로 이것은 독일어 "der

Mann" 부분을 잘못 이해한 데서 비롯된 것으로 보고 바로잡을 수밖에 없다. 최소한 그(이) 남자, 또는 그(이) 사람 정도는 번역이 되었어야 한다.

나는 프로이트의 이 저작을 독일의 학자, 얀 아스만<sup>Jan Assmann</sup>의 책 『이집트인 모세』(그린비, 2010)를 번역하면서 알게 되었다. 아스만은 그 책에서 "어떠한 문헌에서도 그 제목을 가진 프로이트의 마지막 판본이 성서의 문구를 인용하고 있다는 사실에 대해 언급한 것을 발견하지 못했다"라고 말한다. 한국의 번역서뿐만 아니라 세계 어느 나라 책에서도 이 제목을 바르게 쓴 적이 없다는 것은 매우 흥미로운 부분이다. 아스만에 따르면 제목의 "그 사람 모세"라는 표현은 「출애굽기」 11장 3절에서 따온 것으로, 이 표현은 모세오경에서 모세가 "그런 거리감을 둔 방식으로 묘사된" 유일한 곳이다. 더구나 「출애굽기」 11장 3절의 표현은 성서의 독자들이 같은 「출애굽기」의 기록에서 이미 모세라는 인물과 완전히 익숙해지고 난 후에 나온 것이어서 낯선 어감을 어찌할 수 없는 기술이기도 하다. "그 사람"이라는 표현은 같은 집단 내에 있는 사람에게 사용하는 말이 아니기 때문이다.

동시에 이 표현은 히브리 성서에서 모세가 이집트에서 어떤 중요한 위치를 차지하고 있었던가를 보여 주기도 한다. gm h-'iš Mšh gdwl m'd b-'rṣ mṣrym("또한 그 사람 모세는 그 땅 이집트에서 아주 위대하였다"). 모세의 이집트에서의 위치를 암시하는 다른 구절이 하나 더 있는데 그것은 히브리어 성서가 아니라 그리스어로 된 신약이다. "이렇게 해서 모세는 이집트 사람의 모든 학문을 배워 말과 행동이 뛰어나게 되었다."(「사도행전」, 7장 22절) 프로이트는 신약의 이런 내용

(모세가 이집트인이라는 내용)도 구약의 '그 사람 모세'에 대해서도 언급하지 않지만 이것은 분명한 이집트인 모세에 대한 암시이고, 그가 히브리 성서에서 찾은 유일한 흔적이라고 말하고 있다. 그러므로 이 책의 제목은 '그 남자' 또는 '그 사람'이라는 말이 되어야 했고, 나는 성서의 표현을 따라 후자 '그 사람'이란 말을 쓰게 되었다.

나아가 제목의 뒷부분도 마찬가지다. 프로이트는 '유일신교'der Monotheismus라고 쓰지 않고, '일신론적 종교'die monotheistische Religion라는 말을 사용한다. 프로이트가 굳이 일신교, 또는 유일신교라는 보편적이고 추상적인 표현을 거부하고 '일신론적 종교'라 정한 것은 요세프 하임 예루살미Yosef Hayim Yerusalmi(1932년생, 미국 컬럼비아대학교의 유대 이스라엘 연구소 소장, 석좌교수)에 따르면 매우 "상징적인" 일이다. 그는 이렇게 말한다. "이 제목은 유대인의 책이라는 것을 명시적으로 보여주지 않는다. 하지만 '일신론적 종교'라는 용어는 그 구체성을 따지자면 곧 유대교를 가리키는 것이다. 이슬람은 홀대를 당했다. 그리고 바울 이후의 기독교는 이교신앙이다."[1] 예루살미의 견해에 따르면, 이 제목은 프로이트가 평생 고심했던, 자신의 이중적 유대인 정체성에 따른 결과물로 보인다. 그러나 아스만은 이 부분에서 예루살미의 의견에 이렇게 반박한다. "나는 프로이트가 정말로 유일신교의 문제를 유대교에 제한해 보았다고 생각하지 않는다. 더 중요한 문제는 유일신교der Monotheismus 또는 일신론적 종교die monotheistische Religion가 모세 담론의 핵

---

1) 예루살미, 『프로이트와 모세』, 이종인 옮김, 즐거운 상상, 2009, 154~155쪽(Yosef Hayim Yerusalmi, *Freud's Moses: Judaism Terminable and Interminable*, Yale University Press, 1991, p. 55).

심적 질문을 제시하고 있다는 사실이다. 이 사실은 기독교가 유대교도들(그리고 무슬림들)로부터 일신교적 종교로 인정받지 못한다는 사실을 해치지 않고도(그리고 실제로 프로이트의 정당한 견해, 즉 [기독교가—옮긴이] '순수 유일신교의 여러 가지 특성들을 포기하였다'는 견해도 해치지 않고도), 기독교 자체를 일신교적으로 보고, 무엇보다 모세 담론의 틀 안에서 이 일신교적 특성을 성찰하고 있다."[2]

나아가 아스만은 예루살미와 달리 프로이트가 제목을 바꾼 것에 대해 결론적으로 이렇게 말한다. "모세-이집트 담론의 전체 관점은 유대교적이지도 기독교적이지도 않으며, 이 구별의 너머에 있는 관점을 겨냥하고 있다."[3] 분분한 두 학자의 말에서 우리는 한 가지 공통점을 끌어낼 수 있다. 그것은 후반부의 제목을 '일신론적 종교'라고 번역해야 한다는 사실이다.

## 2. 이 책의 내용에 대하여

프로이트는 이 글을 고백으로 시작한다. "어떤 민족의 후손들에게 가장 위대한 인물이라고 생각하는 사람을 그 민족이 아니라고 하는 것은 우리가 기꺼이 그리고 간단하게 저지를 일이 못 된다. 더구나 그것을

---

2) Jan Assmann, *Moses der Ägypter. Entzifferung einer Gedächtnisspur*, Frankfurt a.M., 2000, pp. 219~220. (이 책은 하버드대학교출판부에서 1997년 영어로 먼저 출간되고 난 3년 뒤, 피셔출판사에서 독일어로 보완되어 출판되었다. 그래서 영어판 독자는 이 인용 부분을 찾아볼 수 없다.)

3) Jan Assmann, *Moses the Egyptian. The Memory of Egypt in Western Monotheism*, Harvard University Press, 1997, pp. 149~150.

집필하는 사람이 그 민족에 소속되어 있는 경우라면 더욱 그렇다. 하지만 우리는 어떤 경우에 있어서도 민족의 추정적 이해관계 때문에 진실을 외면할 수는 없다. 어떤 사태를 설명함으로써 우리의 통찰에 이득을 얻는 경우라면 더욱 그렇다." 이 고백은 이 글이 어떤 성격의 글인지를 판단하는 독자에게 큰 어려움을 주고 있다. 옮긴이는 한편으로 프로이트가 만년에 스스로가 유대인임을 고백하는 글을 쓰려고 하는가 하는 생각을 하였다. 그러나 다른 한편, "민족의 추정적 이해관계"라는 대목에서는 그래도 모세에 관한 진실을 과감히 말하려는 학자인가 하는 생각이 들기도 하였다.

• 이집트인 모세

프로이트는 제임스 브레스티드, 에두아르트 마이어, 에른스트 젤린과 같은 동시대 학자들의 주장에 따라 유대교를 창시한 모세가 유대인이 아니라 이집트인이라고 주장한다. 유일신교를 주창한 아케나톤이라 불리는 아멘호테프 4세 시대에 살았던 사람이라는 이론을 편다. 이들에 따르면, 그 후 모세는 이집트에서 수백 년 동안 노예로 살았던 유대인들에게 새로운 아톤교를 전파했다. 이들의 의견을 바탕으로 하여 프로이트는 먼저 모세가 이집트 사람이라는 데 대한 증거로 무엇보다 모세의 언어문제를 들고 나온다. 모세는 이스라엘 사람들과 이야기할 때 그의 형 아론의 '입'을 빌렸다. 「출애굽기」 2장 1절에서 10절의 기술에 따르면 모세의 부모는 레위 지파 사람들이었다. 모세가 파라오의 딸에 의해 양육되었다는 것과, 그래서 그가 이집트인인가 히브리인인가 하는 문제를 두고 프로이트는 '가족 로망스'의 원칙에 따라 분석하고 있다. 가족 로망스란 아들이 유년기에는 아버지를 엄청나게 과대평가하다가 나중에 아버지에 대한 경쟁의식과 현실적인 실망들로 인해 아버지에 대해 비판적인 태도를 취하게 되는 것을 말한다. 결국은 아버지를 극복한다는 영웅 탄생의 설화가 갖는 이야기 구조를 말한다. 그러나 프로이트가 보기에는 모세의 출생과 기아棄兒에 대한 전설은 많은 점에서 다른 보편적 신화들과 배치된다. 결국 프로이트는 이 원리에 따라 모세가 히브리인일 수 없다는 잠정적 결론을 내린다.

### • 유일신교의 창시자 아케나톤

프로이트는 모세의 정체성을 찾기 위해 모세가 추종한 아케나톤에 대해 상세하게 서술한다. 아케나톤은 모세와는 달리 기원전 1350년경에 이집트 역사에 등장하는데, 그가 유일신교를 창시하기 전까지 이집트는 보수적이고 매우 영향력이 강한 사제들이 지배하고 있었다. 이들은 아문 숭배라는 이름하에 다신을 섬기고 있었으며 사자숭배나 미라, 화려한 무덤 등에서 보듯이 사후 세계를 믿고 있었다. 그러나 아케나톤은 태양이 모든 생명에 에너지를 주는 것을 인식하고, 그의 아내 노프레테테와 첫 일신론적 종교를 창설하였다. 이 종교는 마법과 주술을 배제하였고 성상을 부정하였으며, 내세를 부정하였고, 오직 이 땅에서의 삶만을 찬송하였다. 이에 따라 이제는 오직 유일한 신 아톤만을 섬기고 나머지 신들은 배격하게 되었다. 모세는 이런 아케나톤의 추종자인 사제였거나 아니면 이집트 귀족, 그것도 아니면 어떤 변방의 총독이었을 것이라는 것이 프로이트의 생각이다.

## • 아버지 살해와 모세의 살해

브레스티드의 주장을 따라 프로이트는 아케나톤의 사후 과거 사제 체계가 권력을 잡아 아톤 종교를 말살하고, 그 종교를 기억하게 하는 모든 상징들과 신전들을 말살해 버렸다고 본다. 앞에서 언급했듯이 모세는 아케나톤의 사제였거나 귀족 내지는 총독이었는데 이 새로운 종교에 매우 심취하여 '신이 선택한' 히브리 종족들에게 전파하고 그들을 이집트에서 구출하였다. 이들은 출애굽을 하여 곧 시나이 반도에 와서 거기에 있는 미디안 종족들과 섞이게 되었다. 이들은 모두 여기서 화산신인 야훼(JHWH)를 섬기게 되었다. 그런데 프로이트는 여기서 일종의 '종교전쟁'이 벌어졌고 모세가 살해되었다고 추정한다. 물론 이것은 브레스티드가 「호세아서」에서 찾은 단서를 근거로 언급한 것이기도 하다. 그러나 그 후 오랫동안 모세를 따르던 레위 지파 사람들이 아톤의 가르침을 계속 간직하였다. 수 세기가 흐르고 세대가 교체되면서 히브리 사람들은 모세 살해, 즉 '아버지 살해'에 대한 양심의 가책을 받고 이것이 트라우마로 남아, 결국은 다시 모세를 찾게 되었다. 모세는 그들의 전승 속에서 새로운 신비의 인물로 각인되어 바빌로니아 유수 때에도 모세의 시대가 영광의 시대로 기억되고 구세주 메시아에 대한 신앙으로 계속 유지되었다. 프로이트는 이렇게 말한다.

아마도 점점 수면 위로 올라오는 죄의식이 유대민족과, 아마도 당시의 다른 문화민족에 큰 작용을 하여 이것이 억압된 것의 회귀라는 발단이 된 것으로 보인다. 그러다 마침내 유대민족 출신의 한 사람이 정치적-종교적 민중 운동가를 변호하는 과정에서 하나의 동인을 발견하여 그것을 계기로 기독교를 유대교에서 분리하기에 이르렀다. 타르수스(다르소) 출신인 로마의 유대인 바울은 이러한 죄의 문제에 눈을 돌리면서, 이것이 원초사에서 그 근원을 찾을 수 있다는 것을 제대로 파악했다. 바울은 이것을 '원죄'라고 불렀는데, 이것은 신(하느님)에 대한 범죄인 만큼 오로지 죽음을 통해서만 속죄받을 수 있는 것이었다. 원죄와 함께 죽음이 이 땅에 온 것이었다. 죽음으로써 갚아야할 이 범죄는 사실상 나중에 신으로 숭배된 원초 아버지의 살해였다. 그러나 이 범죄는 기억되지 않았고, 그 기억 대신 그 죄의 구속을 위한 환상이 만들어졌고, 그로 인해 이 환상은 구속의 계시(복음)로 받아들이게 되었다. 하느님의 아들이 아무 죄 없이 죽임을 당함으로써 만인의 죄를 한 몸에 지게 되었다. 아버지 살해가 일어났기 때문에 그 죄를 받는 것은 마땅히 아들이어야만 했다. 아마도 이 죄의 구속에 대한 환상은 오리엔트나 그리스 비교秘教의 전승으로부터 영향을 받은 것 같다.

• 모세에서 그리스도까지

프로이트는 계속해서 다음과 같이 추론한다. "모세 살해에 대한 후회가 구세주가 다시 와서 자기 백성을 구원하고, 약속한 세계지배를 실현한다는 메시아의 재림 환상에 대한 원동력이 되었다는 것은 참으로 흥미로운 추측인 듯하다. 만약 모세가 이 최초의 구세주라면 그리스도는 모세의 대체자인 동시에 후계자가 된다." 일신교 탄생에 대한 요약에서 프로이트는 우리가 인간의 집단이라면 권위에 대한 강한 욕구가 있다고 주장한다. 그 권위는 사람들이 경이로움을 보내고, 그 앞에 절을 하고, 지배를 받고, 심지어는 경우에 따라 학대를 받아도 괜찮은 어떤 것이다. 이 권위란 모든 인간에게 유년기부터 내재하고 있는, 신화의 주인공이 극복하였다고 칭송받는 아버지에 대한 동경의 표현이다. 프로이트는 유대인의 모세 살해를 넘어서 사도 바울의 신약적 기록에 따라 유대인이 다시 온 하느님을 또 살해했다고 주장한다. 프로이트는 이 점이 자기가 두려워하는 유럽 기독교도들의 반유대주의의 핵심이 되었다고 본다. 그렇기 때문에 일신론적 종교라는 말은 유대교, 비록 프로이트가 전적인 일신론적 종교라 보지 않는 기독교까지도 포함하고 있다.

## • 모세와 정신분석의 유비

프로이트가 이 글을 쓴 것은 유대인 정체성도 아니고 생물학적 라마르크주의에 대한 변호도 아니다. 비록 자기가 역사소설을 쓰겠다는 야심찬 포부를 말하기도 했지만 유대 종교의 역사나 모세에 관한 성서비판은 더더욱 아니다. 그가 관찰하고 연구한 것은 그가 여러 번 힘주어 주장하고 있듯이 개인심리학과 집단심리학의 유비類比에 있다. 당연하게도 그의 주장은 정신분석의 트라우마 이론에서 출발한다. 유년기의 트라우마는 오랫동안 잠재되어 있다가 (계기를 만나면) 회귀한다. 어떤 교통사고도 마찬가지다. 당시에는 잊혀졌다가 어떤 잠복기를 거쳐 새로 부활한다는 것이다. 프로이트가 주장하는 살해된 모세는 유대인들에게 트라우마로 남아 있었다는 것이다. 그렇지 않고서는 메시아의 죽음을 말하는 「이사야서」 53장의 전승을 정당화할 수 없다는 것이다. 그렇기 때문에 그는 모세에 관한 기술 또한 후세에 왜곡한 것이라고 본다. 프로이트에 따르면 출애굽을 주도한 모세와 카데스에서 미디안의 사제가 되어 화산신인 야훼를 받아들이는 모세는 다른 인물이다. 분노하고 시기하는 야훼의 모습 또한 사실은 모세의 성격에서 유래한 것이고, 결국 유대의 종교는 모세에서 출발한 것이다. 프로이트는 이런 아버지 살해를 이미 언급했듯이 계통 발생의 반복설을 주장한 라마르크주의에 의존하여 기독교의 예수 십자가 처형에도 적용한다. 결국 유대인은 두 번에 걸쳐 아버지 살해를 반복하고 있다.

• 신앙에 대한 비판과 반유대주의에 대한 입장

프로이트는 자신의 글을 하느님 신앙에 대한 비판으로 끝맺는다. "믿음이 약한 우리들은 절대자의 존재를 확신한 탐구자들이 얼마나 부럽게 보이는가! 이 위대한 정신이 살아 있는 한 세계는 아무 문제가 없다. 이 정신 자체가 세계의 그 모든 조직들을 창조했을 터이니 말이다." 보는 사람에 따라 차이가 있지만 옮긴이가 보기에 프로이트는 신앙 없이 유대인일 수 있고 유대인의 전승에 참여할 수 있다고 생각한 것 같다. 그것은 원초인들이 행했던 아버지 살해 같은 것이어서 이는 인간의 정신에서 끊임없이 반복한다는 정신분석에 대한 신앙이다. "우리는 원초인들이 세계의 창조자로서의, 족장으로서의, 개인적 보호자로서의 신을 필요로 했을 것이라 짐작한다. 이 신은 전승으로 전해지는바, 한 종족의 죽은 아버지들의 배후에 그 위치를 차지한다. 그 이후의 시대, 즉 우리 시대 사람도 같은 태도를 보인다. 그 역시도 어린아이로 남아서 어른이 되었음에도 불구하고 보호를 필요로 한다."

그러나 프로이트는 다른 성상聖像 종교에 대비하여 유대 일신교에서는 영성Geistigkeit의 진보가 있다고 보았다. 그는 우상을 금지한 십계명에서 지성의 맥박이 느껴진다고 말한다. 유일신교는 성상금지와 함께 주술적 의례의 거부, 그리고 계명을 통한 윤리적 요구의 강조에 기초한다. 그렇기 때문에 반유대주의Antisemitismus에 대해 프로이트는 반지성주의, 즉 영성의 진보에 대한 반작용 형성이라며 아주 비판적인 시각을 가지고 있다. 그에게 반유대주의는 반일신교이자 반지성주의이다. 그는 반유대주의가 욕동의 단념을 요구한 일신론적 종교에 대한 충동적 저항에서 생겨난 것이라고 본다. "기독교의 도색을 걷어 버리면 야만적인 다신교를 섬긴 그들의 조상들과 다를 것이 하나도 없어진다. 이들은 자기네들에게 강제된 새로운 종교에 대한 분노를 극복하지 못하고 이 원한을 기독교를 태동시킨 원천인 유대교에 전이하는 것이다. […] 그러니까 이들의 유대인 증오는 사실 기독교 증오이다."

• 마무리

프로이트의 생각을 우리말로 독자들에게 전하는 것 이상을 한다는 것은 아마 옮긴이의 분수에 넘는 행동일지도 모른다. 책에 대한 생각은 독자에게 맡겨야 한다. 그러나 독자들이 의아해할 수 있는 것이 있다고 판단되어 이 저술 너머에 있는 프로이트 생각의 좌표, 다시 말해 그에 대한 비판적 평가를 말해 보는 것도 나쁘지는 않을 듯하다. 우선 모세에 관한 문제이다. 이는 유대교와 기독교, 이슬람교라는 종교를 가진 사람들이 판단하는 것과 그렇지 않고 객관적인 역사, 학문으로 바라보는 사람들의 태도가 다를 것이라 생각된다. 모세가 누구인가에 관한 논의가 서양에서 오랜 시간 지속된 것은 모세가 알렉산드로스 대왕

같은 역사적 인물이 아니라는 사실 때문이다. 그에 대한 고고학적 자료들 또한 프로이트 당대나 지금이나 분명하게 모세가 누구인지를 밝히지를 못하고 있다. 앞에서 언급한 이집트학자 얀 아스만은 모세를 역사의 인물이라고 보지 않고 기억의 인물, 또는 기억사의 인물로 본다(『이집트인 모세』). 그는 프로이트의 추론을 넘어 모세가 아멘호테프 4세인 아케나톤 자신일 것이라고 본다. 그리고 프로이트의 반기억적 연구에 대해 긍정적으로 접근한다. 그는 모세 구별로 인하여 반유대주의가 생겨나고, 모세 구별의 폐지는 관용을 전제로 하고 있다는 것을 분명히 하고 있다. 이에 반해 아스만에 앞서 이 책에 대한 글을 쓴 유대학자 예루살미는 모세가 누구였나에 대해서는 말하지 않고 모세 살해설에 대해서는 부정한다(『프로이트와 모세』). 나아가 그는 프로이트의 『토템과 터부』에서의 라마르크주의에 대해서도 부정하고 있다. 그리고 그는 프로이트의 유대인에 대한 입장 표명에 대해서도 매우 비판적이다. 이런 비판적인 글을 읽노라면 그가 프로이트에게서 요구하는 것이 유대인 프로이트라는 요구가 아닌가 하는 의심이 든다.

그동안 나는 프로이트에 관한 책을 한 권 저술하고, 세 권을 번역했다. 그리고 지금 또 한 권을 번역 중에 있다. 그렇게 책을 저술하거나 번역하면서 드는 생각은 독일문학과 프로이트가 불가분의 관계에 있다는 점이다. 18세기 독일문학(독일어권 문학)은 기독교적 내면의식에 깊이 뿌리내리고 세계적인 위상을 얻었다. 그 문학은 종교개혁을 완수한 마르틴 루터가 노래한 시편, "내가 고통의 깊은 곳에서 부르짖는" 그 무엇에서 출발한 것이었다. 심층에 대한 이런 의식은 중세 신약성서가 번역된 이후 독일문학과 사상을 지배하게 되었다. 괴테의 『젊은 베르테르의 슬픔』, 『파우스트』, 그의 교양소설, 니체의 『차라투스트라는 이렇게 말했다』, 카프카의 『변신』, 쥐스킨트의 『콘트라베이스』, 클라이스트의 『O 후작부인』, 베른하르트의 단순한 언어반복, 마르틴 발저나 귄터 그라스의 작품, 옐리네크의 『피아노 치는 여자』, 어디를 봐도 한눈에 "세계 내적 공간"(릴케)이 그들 문학과 문화의 특성임을 알아볼 수 있다. 독일문학의 심층에 대한 관심은 18세기 노발리스가 지질학에 관심을 보인 것이나, 19세기 하인리히 슐리만이 고고학에 관심을 보인 경우나, 20세기 프로이트와 융이 심층 심리학에 관심을 보인 경우가 같은 맥락에 서 있다. 자아$^{Ich}$가 알 수 없는 충동$^{Es}$에 의해 지배받는다는 프로이트의 가설은 이미 낭만주의 작가 E. T. A. 호프만의 수많은 이야기들에 체현되어 있으며, 동시대 수많은 시의 중심적 주제가 되었다. 이는 바로 괴테가 노래한 "사람들이 알지도 못하고 / 생각지도 않았던 것, / 가슴속 미궁을 지나 / 어둠속을 거니는 것"이다(괴테의 시 「달에게」).

『그 사람 모세와 일신론적 종교』 또한 이런 독일어와 독일어권 문화의 유산으로 보는 편이 옳다. 우리가 단순하게 반유대주의나 유대주의의 편협한 시각으로 읽을 수 없는 부분이다. 모세 살해의 가설도 이런 독일문학의 분위기에서 만들어진 이야기이다. 그의 고고학적 사상의 항로는 유대인 사학자 예루살미가 말한 유대인의 관점이든지, 모세 구별의 폐지를 통한 관용을 요구하는 독일의 이집트학자 아스만의 기억담론의 관용으로 읽힐 수도 있다. 그러나 우선 이런 관점이나 이데올로기보다 프로이트는 독일어권 문학과 문화의 전통에서 요구하는 기인奇人 이야기의 토대 위에서, 트라우마의 잠복과 회귀라는 고고학적 모델로 모세를 재구성한 이야기(유비)로 읽기를 바라고 있다. 프로이트 스스로 밝히고 있듯이, 그는 이 소위 '역사소설'이라는 집단심리학을 증상의 발현이라는 개인심리학의 유비로 기획하였기 때문이다. 그가 나치의 압박으로 망명을 한 것과 반유대주의 또는 유대인 프로이트가 쓴 글(카를 구스타프 융)이라는 프레임으로 이 글을 읽는다면 부수적인 것이 본질로 자리 잡게 된다. 서문에서 읽히는 긴박한 상황, 목숨을 잃거나 자신의 일생 업적인 정신분석이 위기에 처할 수도 있다는 그의 파라텍스트paratext도 중요하다. 그러나 프로이트가 쓴 텍스트는 독일어권 문화의 한 중간, 프로테스탄티즘의 정직함과 진정함으로 고고학적 유물을 찾으려는 맥락에서 쓰인 것이다. 그의 텍스트가 그의 파라텍스트와는 별개로 존재하는 것이기에 그 중심을 읽어 낼 수 있기를 바라는 마음 간절하다.

사실 번역이 2020년 1월에 완성되었지만 우여곡절 끝에 이제 나오게 된 데에는 여러 가지 사연이 있다. 이 책은 내용상 앞에서 언급하였던 그린비에서 출판한 『이집트인 모세』와 불가분의 관계를 맺고 있다. 유일신께서 목자가 되셔서 이 책이 결국 쉴 만한 곳을 찾아준 것이다. 책을 낼 수 있게 도와주신 그린비출판사의 홍민기 선생님과 편집부에 깊은 감사를 드린다.

2020년 5월

변학수

# 찾아보기